W0058434

Alfred Komarek/János Kalmár • Schräge Vögel

Alfred Komarek · János Kalmár

SCHRÄGE VÖGEL

Faszinierende Lebensentwürfe

Autoren und Verlag danken Bodo Hell für die Genehmigung zum Abdruck von Auszügen aus seinen „Almnotizen" (Seite 58ff.) und Otto Lechner für die Genehmigung zum Abdruck von Auszügen aus seinen „Bürgermeisterreden" (Seite 82 ff.).

Foto Seite 86: Das Foto wurde bei einer Vorstellung von „Lailla und Madschnun" im „Das Dorf" im dritten Wiener Gemeindebezirk aufgenommen.

Foto Seite 90: Otto Lechner bei einer Produktion der „Proletenpassion"

Foto Seite 91: Otto Lechner mit dem Vokalisten Kadero Ray und dem Percussionisten Raouf Kahouli beim Tonmischen

Foto Seite 150: Das Textzitat im Bild stammt aus „Kampf der Echos", „Die tollsten Geschichten von Donald Duck", Heft 129, S. 7, Bild 5, Ehapa-Verlag.

www.kremayr-scheriau.at

ISBN 978-3-218-00934-8
Copyright © 2014 by Verlag Kremayr & Scheriau GmbH & Co. KG, Wien
Alle Rechte vorbehalten
Schutzumschlaggestaltung: Sophie Gudenus
unter Verwendung eines Fotos von János Kalmár
Gestaltung und Satz: Sophie Gudenus
Druck und Bindung: Druckerei Theiss GmbH, St. Stefan im Lavanttal

M∀NIFEST

Es gibt sie noch, die schrägen Vögel. Sie nisten im Schweigen der Schwätzer, unter den Dächern der Unbehausten, hinter den Regeln der Vernunft, über den Niederungen des Größenwahns, in Wissenslücken, Budgetlöchern und in der Höhle des Löwen. Sie fliegen zu ebener Erde, sie fallen in den Himmel, sie wachen in ihren Träumen auf. Schräge Vögel sind zu allem fähig, sie nehmen sich alles heraus und denken nicht daran, alles hinzunehmen. Sie mögen Künstler oder Abteilungsleiter sein, Spötter oder Propheten, Menschenfreunde oder Eigenbrötler, Clowns oder Gelehrte, Träumer oder Maschinisten, Forscher oder Eremiten, doch eines sind sie nie: so wie die andern.

Um sie wogt die breite Masse, überragt von Angebern, übertönt von Schreihälsen, kommentiert von Besserwissern, gelenkt von Geschäftemachern, beherrscht von der angemaßten Macht der Mächtigen.

Ohne schräge Vögel wäre die Welt schier zum Verzweifeln, oder zumindest sehr, sehr langweilig.

Aber es fehlt zusehends an Lebensraum für diese ohnedies schon rar gewordene Spezies. Auch ihre Welt wird reglementiert, betoniert und parzelliert. Wer nicht in den Raster passt, passt nirgendwo hin.

In diesem Buch geht es demnach um eine aussterbende Gattung oder, positiv gesagt, um deren Würdigung und Ermutigung. Die schrägen Vögel mögen doch bitte, bitte weiter flattern: allen zur Freude, die gerne so wären wie sie, aber auch um jene zu ärgern, die sich gestört sehen.

Fürs erste kann es nur um eine kleine Zahl rarer Köpfe gehen, aber sie stehen fürs Ganze. Die Auswahl zeugt von hemmungsloser Willkür, die Beschreibung von ungenierter Subjektivität (passt ja irgendwie zum Thema).

Dennoch: Dies ist der Anfang eines ambitionierten Artenschutzprojektes. Man wird ja lesen, wie es weitergeht.

Julia Reichert

Julia Reichert
Die Leben der Puppen

„Meine erste Begegnung mit einer Puppe endete mit ihrer Zerstörung. Ich war vier Jahre alt und hatte mir zu Weihnachten Ross und Wagen, einen Bauernhof mit allen Tieren und weiteres ‚Bubenspielzeug‘ gewünscht: Unter dem Christbaum lag stattdessen eine Babypuppe, deren Leben zu kurz für eine Namensgebung werden sollte. ‚Begreifen heißt dekonstruieren‘, das hab’ ich wohl damals schon verstanden und die Puppe kurzerhand zerlegt und sie dabei zerstört, um ihr Innenleben kennenzulernen. Heute zerlege ich u.a. Texte, um sie auf ihre Tauglichkeit im Figurentheater hin zu untersuchen, und ich konstruiere Puppen mit verschiedensten Mechaniken, die auf der Bühne sowas wie ‚Leben vortäuschen‘ und die Phantasie des Publikums herausfordern. Dazwischen, so scheint es mir manchmal, ist kaum Zeit vergangen."
Julia Reichert

Wird wohl so sein. Aber der Weg von der Spielpuppe zum Puppenspiel erwies sich so zwischendurch auch als Umweg, als Irrweg, was auch immer. Dennoch waren ihre kindlichen, konstruktiv destruktiven Anfänge mit geradezu prophetischer Symbolik befrachtet. Sie bevölkerte ihre Welt mit selbstgebauten Puppen und schaute interessiert zu, wie sie allmählich Substanz und Gestalt verloren. Oder sie schritt voll ungeduldiger Wissbegierde

zur Tat und befragte die Teile nach dem ursprünglichen Sinn des Ganzen. In andere Puppen baute sie an Geburtstagen Geheimnisse ein: sehr intime Wünsche, verschwörerische Botschaften an sich selbst, in Wachskugeln verborgen. Wollte sie dann Jahre später die Wünsche von damals ins Leben rufen, kam eben der Puppentod ins Spiel, die unerbittliche Öffnung der Leibeshöhle.

Doch mit der Schule hatten Puppenspiele erst einmal ausgespielt. Im Gymnasium vertrug sich der Lehrplan so gar nicht mit spontanen Interessen und eigenwilligen Begabungen. Die ungelehrige Schülerin entwand sich gelangweilt der pädagogisch wertvollen Zwangsjacke und versuchte es mit dem Studium auf dem zweiten Bildungsweg, der sich erst recht als Sackgasse erwies. Berufsleben demnach irgendeines, irgendwie, die Ausbildung zur Bibliothekarin und endlich die Leitung einer Münchner Autorenbuchhandlung. Mit Büchern konnte Julia Reichert viel anfangen, mit Leserinnen und Lesern auch. Aber die Notwendigkeit, damit Geschäfte zu machen, wollte ihr nicht recht einleuchten. Einmal ließ sie sogar unverhohlen leuchtenden Auges einen Bücherdieb gewähren, weil sie dessen erlesenen Geschmack bewunderte. Also wieder nichts. Aber auch sehr viel: Damals ergaben sich jene Kontakte zu Autorinnen und Autoren, zu Verlegern, die später für Julia Reicherts theatralisches Universum wesentlich wurden. Vorerst aber feierte die ehemalige Buchhändlerin ihren Abschied aus der etablierten Erwerbsgesellschaft mit der Veröffentlichung des Lyrikbandes „Gedichte aus Asche", gemalt hat sie auch, Skulpturen gestaltet.

Bald darauf fand sie, zielstrebig wie noch nie, den Weg in jene Welt, die sie wirklich interessierte: Spielwerke, mechanisch bewegte Figuren, Objekttheater. So konnte sie auch leichthin väterlichen Prägungen entsagen, denen sie oft mit peinlich berührter Ablehnung begegnet war. Ihren Vater, Willy Reichert, hatte sie als schwäbisch-humorigen Komödianten des Boulevards

erlebt, heiter und besinnlich. Dieser Stammplatz an der Rampe, das Abholen geläufigen Gelächters, das Gefallen, das Sich-selbst-Gefallen, war doch eher abschreckend. Übrigens sah selbst Willy Reichert sein Tun stets mit jenem Zweifel, der wohl zu jeder Art von Kunstausübung gehört. Als Privatmann und Vater ersparte er es sich, launig zu sein, war still, wenig zugänglich. Aber dass er Karl Valentin noch persönlich hatte kennenlernen dürfen, freute ihn schon sehr. Es gab sogar ein Buch mit Widmung: „In stiller Verehrung! Ihr Karl Valentin.“

Schon damals wusste Julia Reichert jedenfalls, was sie nicht wollte: im Vordergrund stehen, sich darstellen, zur Schau stellen, bloßstellen.

Was sie wollen könnte, wurde ihr mit 21 Jahren so richtig bewusst, als sie mit den Eltern eine Flugreise von Berlin nach Moskau unternehmen durfte. Das Moskauer Puppentheater … Sergej Wladimirowitsch Obraszow, ein wahrer Magier der Puppen, Herr über eine gewaltige Theatermaschinerie, bewegt von Hun-

derten Mitarbeitern. Er führte seine Puppen aus dem Reich naturalistischer Impression in nicht minder wirkliche Gegenwelten, in denen aber viel mehr möglich ist als im menschlichen Bühnenspiel. Damit eröffnete Obraszow seiner Theaterform einen eigenständigen, künstlerisch anspruchsvollen Weg in die Zukunft. Für Julia Reichert persönlich bedeutete das auch die Möglichkeit, als Mensch hinter die Figur zu treten, im Dialog mit einer Kunstgestalt zu abstrahieren, zu verkürzen, zu verdichten. Da waren vergessene Kinderträume wieder lebendig geworden: das große Theater für die hohle Hand, das erdachte, den Puppen verliehene Leben, der heimliche, unheimliche Dialog mit ihnen, deren Macht, ohnmächtig angesichts der Zerstörung. Das Drama nimmt mit unmerklich kleinen Schüben und verstohlen gesetzten Akzenten seinen Lauf. Darum braucht es auch vor nichts zurückzuschrecken: Jede Ungeheuerlichkeit ist spielbar, nichts ist so grotesk, dass es nicht sein könnte.

Julia Reichert ist ein eher scheuer Mensch. Im Bann ihrer Puppen, die Puppen in ihren Bann ziehend, ist sie unverschämt scheu. So begreift sie auch ihre Bühnen als Verstecke im öffentlichen Raum. Fünf Jahren Puppentheater in Graz folgte 1986 das Kabinetttheater in der Wiener Porzellangasse. In einem Hinterhof bot sich eine geräumige Halle an, besser gesagt, ein ruinöser Hohlraum, hervorragend dafür geeignet, ihn mit Plänen, Träumen und Illusionen zu füllen und sich dabei für den Rest des Le-

bens zu verschulden. Seit 2010 führt sie das Kabinetttheater allein – als Direktorin, Autorin, Inspizientin, Puppenspielerin und Gastgeberin in Personalunion, jedoch mit einem im schönsten Sinne des Wortes eingespielten Team von Puppenspielern, Technikern, Bühnenbauern, oft auch mit ihrem Bruder Thomas Reichert, dem Regisseur. Zwischendurch führt Julia Reichert selbst Regie und achtet so nebenbei, aber mit Bedacht und verhalten seufzend, darauf, dass der finanzielle Ruin wenigstens in sicherer Entfernung lauert. Ihr verpupptes Schauspielhaus ist auch ihre Wohnung, das Theaterfoyer ihr Wohnzimmer. Natürlich hat nicht jeder Zutritt in diese halb private Welt. Gespielt wird häufig für geladenes Publikum und die anschließende Bewirtung gehört zur Vorstellung, das Schauspiel bleibt im Raum präsent, lässt sich behaglich und angeregt neu erleben und reflektieren. Zuweilen, der Freiheit und der Gage zuliebe, verlässt sie samt ihren Puppen die

vertraute Theaterwelt, gastiert auf großen Bühnen, verbindet und verbündet ihr Theater mit anderen Theaterformen, arbeitet mit vielen unterschiedlichsten Musikensembles zusammen und betreut Kunstprojekte. Mit Freude nimmt sie wahr, dass ihr Platz in der Theaterszene längst ein geachteter, geschätzter ist, mit leisem Unbehagen erfüllt sie der Gedanke, dereinst zur Institution zu werden. Doch davor bewahrt sie schon ihre Neugier, ihre unbändige Lust aufs Experiment – und ihre große, sehr bunte Künstlerfamilie, die, sich verändernd, Veränderung bewirkt.

Als alles anfing in der Porzellangasse, gab es schon auch die berechtigte Befürchtung, dass dieses kühne Beginnen auch die Abschiedsvorstellung sein könnte. Aber wozu gibt es Glücksfälle? Der wichtigste ereignete sich mit der Entscheidung für das Krippenspiel von Hugo Ball, bestehend aus Geräuschen und dadaistischen Gedichten. In sieben Bildern wird diese Weihnachtsgeschichte mit den Mitteln des Puppentheaters erzählt, vor der

Bühne folgen „Bruitisten" der Sprach- und Geräuschpartitur des Autors. Auf dem Stern von Bethlehem kleben übrigens unechte Fliesen aus PVC: ärmliche Sechzigerjahre, ärmlicher Stall zu Bethlehem, distanzlose Botschaft zum Angreifen. In dieses erbaulich befremdliche Geschehen mischt sich der Duft von Bratäpfeln, denn es ist ja Advent – auch im Kabinetttheater –, und die Bratäpfel sind dann zum Verzehr freigegeben. Entgegen zaghafter Bedenken wurde das Stück begeistert aufgenommen und gehört seitdem zum alljährlichen Repertoire. Dass Jahr für Jahr neue Aspekte und Impulse dazukommen, ist wohl selbstverständlich in einem Haus, in dem der Stillstand keine Rolle spielt, aber schon gar keine.

So ist denn Julia Reichert unverdrossen am Werk, wenn es gilt, Sprache wörtlich zu nehmen, sinnvollen Unsinn zu erspähen, Figuren zu entdecken, die erzählen können, was Schauspieler verschweigen müssen. Dann konstruiert sie, gestaltet sie, gibt Inhalte vor, erschafft mechanisches Leben und damit auch einen wesentlichen Teil der Dramaturgie. Teilt sie sich dann die Bühne mit ihren Geschöpfen, agieren die Puppe und die Puppenspielerin als sich selbst hinterfragendes Doppelwesen. Im von Julia Reichert verfassten Stück „Für Elise" geht es zum Beispiel um den zynischen Monolog einer alternden Klavierspielerin angesichts der behaupteten Abwesenheit ihrer Schülerin, gleichzeitig um ein verworrenes Duett am Klavier, in dem die Rolle der Spielerin hinter der Puppe unübersehbar präsent bleibt. Die Puppe fügt sich widerwillig ins Spiel, nicht ohne deutlich zu machen, dass ihr die Kraft, sich zu fügen, nur geliehen ist, die Spielerin findet sich in Bewegung und Ausdruck der Puppe wieder, ohne sich mit ihr gleichzustellen. Die Puppe kann Themen ertragen, die der Mensch hinter ihr nicht ertrüge, kann sagen, was die Stimme hinter ihr als Mensch nie sagen würde. Und sie stirbt sehr schnell, ohne Komplikationen. Wird sie losgelassen, ist es aus und vorbei. Es sei denn, es folgt die Auferstehung, um am Ende den Applaus entgegenzunehmen. „Es ist nun einmal der Traum aller Kunst, unbelebtes Material zu beleben und ihm eine Seele zu geben." So steht es auf einem Blatt Papier auf Julia Reicherts Schreibtisch zu lesen.

Doch irgendwann ist Schluss mit dem Theater und geraume Zeit später verliert sich das Publikum, tritt aus der Geborgenheit des Raumes in den beiläufig umfangenen Innenhof, verschwindet im Halbdunkel vor dem Haustor. Julia Reichert ordnet ihre Welt. Die Puppen sind nur noch Gegenstände. Nachts, im Schutz der Dunkelheit, tritt sie dann vielleicht noch aus dem Schatten ihrer nun leblosen Geschöpfe, schnürt mit ziellosem Behagen durch den Wiener Alsergrund, findet es spannend, sich unter Nachbarn zu begeben, mag sein, in einer Bar loszulassen. Nur so.

Arnold Lobisser

ARNOLD LOBISSER
Es ist ein Lied in allen Dingen

Er kommt wohl deshalb immer wieder ans Ziel, weil die Ziele zu ihm kommen, obwohl er es ihnen nicht leicht macht. Sie mögen nämlich gefälligst über den eigenen Schatten springen, meint er, sich willfährig nähern, statt – wie es eigentlich ihre Art ist – erstrebenswert und angestrebt in der Zukunft zu lauern, oder auch in räumlicher Entfernung. Arnold Lobisser läuft seinen Zielen nicht nach, aber er lockt sie an. Dabei ist er nicht wählerisch und schon gar nicht bescheiden. Er möchte alles haben, sofern es interessant, kostbar oder liebenswert für ihn erscheint. Er will überall hin, wo es denkbar ist, dass er sich geborgen, vertraut und heimisch fühlen könnte.

Hallstatt war und ist eines dieser Ziele.

Arnold Lobisser brach also umgehend dorthin auf, indem er in Graz blieb, wo er zur Welt gekommen war. Er kannte Hallstatt damals ja noch gar nicht, ahnte nicht einmal, dass er es kennenlernen wollte. Deshalb wurde er nach der Pflichtschule Tischlerlehrling: War doch schön und spannend zu erfahren, was Hände und Holz, Geist und Material, Leidenschaft und Können miteinander zu tun haben. Müßig zu erwähnen, dass er die Lehre als Tischlermeister abgeschlossen hat. Warum sollte er etwas anfangen, wenn er es nicht zu Ende bringen wollte? Außerdem: Ein vielversprechendes

meisterliches Ende war doch auch stets als noch mehr versprechender Anfang zu verstehen. So hielt er es fortan in allem.

Doch zuvor war noch der Grundwehrdienst zu erledigen, eines der eher verzichtbaren Ziele. Der Rekrut Lobisser wurde nach Radkersburg befohlen. Dort sann er, bar jeder soldatischen Gesinnung, auf Abhilfe. Die ihm eigenen Gedanken, wunderlichen Arabesken und behäbigen Mäandern folgend, vertrugen sich nämlich schlecht mit der Ausführung harscher Befehle. Immerhin befugte ihn sein Intellekt dazu, als Gegenleistung für mehr Freizeit Briefe für schreibunwillige Korporäle zu verfassen. Eines Tages jedoch geschah etwas, das nicht ohne Folgen bleiben sollte. Bei einer der unsäglich strengen Spindkontrollen fiel das scharfe Unteroffiziersauge auf ein Buch. Druckwerke, sofern es sich nicht um die Allgemeine Dienstvorschrift, kurz ADV, handelte, waren nun einmal der Insubordination verdächtig. In diesem Fall lag ein gewichtiges Werk zu Thema Kunstgeschichte vor, ein Lebensmittel für den auf karge Kost gesetzten Geist. Stille folgte, angefüllt von angestrengter Tätigkeit des feldgrauen Denkorgans. Daraufhin geschah längere Zeit nichts. Eines Tages entfaltete dann aber eine militärische Sondererscheinung wundersame Wirkkraft, hocherfreut darüber, dass endlich ein lohnendes Objekt gefunden war. Der Bildungsbeauftragte des Heeres, überdies der Onkel eines Lobisser-Schulkollegen, waltete seines Amtes, holte den Schützen aus der Kaserne und schickte ihn mit verheißungsvoller Gebärde auf Bildungsfahrt. Kaum zu glauben, welche Lustbarkeiten die Wehrpflicht zu bieten hatte …

Endlich dem zivilen Dasein wiedergegeben, war der Tischlermeister Lobisser schon wieder voller Neugierde und Sehnsucht dabei, seine Beziehung zum Holz und zu allem, was daraus werden konnte, zu vertiefen. Er wollte noch mehr lernen, noch mehr erfahren, noch mehr können. Gab es da nicht eine Holzfachschule in einer unumstritten knorrigen Gegend mit einer schier bodenlosen Vorvergangenheit und einem unergründlichen See? Um genau zu sein: 1873 wurde in Hallstatt die k.k. Fachschule für Holzindustrie und Marmorbearbeitung mit immerhin vier Schülern gegründet. Daraus ist die heutige Höhere Technische Bundeslehranstalt geworden. Eineinhalb Jahrhunderte Tradition sind für eine Schule recht beachtlich, auch wenn es die Hallstattzeitmessung eher mit Jahrtausenden hält. Außerdem finden sich von Zeit zu Zeit Verbindungen zwischen Vorzeit und Gegenwart, hölzerne Verbindungen, versteht sich. So geschehen, als vor einigen Jahren im Salzberg eine Holztreppe aus der Bronzezeit entdeckt wurde – die älteste der Welt und eine höchst erstaunliche Konstruktion noch dazu: Die Auftrittbretter sind in ihren Winkeln zu den Holmen verstellbar. Damit kann die

Stiege der Neigung im Schacht angepasst werden. Es gab demnach ein unwiderstehliches Objekt der Begierde für forschenden Wissensdrang, ein weitgehend unantastbares allerdings. Damit hatte die Stunde der Holzfachschule geschlagen. Hier wurde das Fundstück in ungebrochener Tradition prähistorischer Zimmerleute sorgsam und verständig rekonstruiert. Alles in allem: Eine Schule, die Tischler, Kunsthandwerker, Künstler und Architekten zusammenbrachte, war für Arnold Lobisser wie geschaffen. Er wurde also wieder einmal zum Schüler, zu einem sehr guten Schüler, aber davon später.

So nebenbei und ohne viel darüber nachzudenken, hatte er nämlich auch eines seiner Lebensziele erreicht, Hallstatt. Er war in einen weltberühmten Ort geraten, einen auch sehr privaten

und still in sich gekehrten. Die Landschaft ringsum engt ein und fordert, umfängt aber auch bergend, verbindet alles zum einzigartigen Ganzen. Rom war noch nicht gebaut, als der Salzbergbau Hallstatt zu einem lebhaften Zentrum für Wirtschaft und Kultur werden ließ, weltoffen und zukunftsorientiert. Heute sind die Arbeitsplätze hier rar geworden, man braucht den Fremdenverkehr, denkt aber nicht daran, das innerste Wesen dafür zu verkaufen. Darum fühlen sich auch Kreative aller Art wohl hier, Menschen, für die es zum Alltag gehört, nicht alltäglich zu sein. Kein Wunder, dass Arnold Lobisser nach Hallstatt kam, als käme er nach Hause. Als einer, der mit den Händen auch denkt und mit Gedanken auch zupacken kann, fand er sich in einer modellhaften Welt wieder, mit verwinkelten, verschachtelten, dicht gedrängten Bauteilen – und natürlich hatte er zuvor als Pflichtlektüre jedes bildungsbewussten Reisenden Joseph August Schultes gelesen, Mediziner, Botaniker, Naturwissenschaftler und Reiseschriftsteller, der schon Anfang des 19. Jahrhunderts von Hallstatt Erstaunliches zu berichten wusste: „Lassen Sie uns nun noch über die Dächer von Hallstatt hinweg in den Felsen umhersteigen. Ich sage über die Dächer weg, denn die Häuser sind so dicht an Felsen hingebaut, dass Sie, wenn Sie unten am See in das erste Stockwerk hinaufsteigen, Sie aus dem Zimmer desselben rückwärts ebenen Wegs auf die Felsen kommen, die über die Dächer auf den See herabblicken. An einigen Stellen ist kein anderer Weg in Hallstatt als über eine Art von Brücke, die über die Dächer der Häuser hingespannt ist. Das sieht dann wirklich sehr bizarr aus und wirkt zuweilen echt chinesisch."

Letzteres konnte Arnold Lobisser nicht so recht nachvollziehen und er versuchte auch bald, vom äußeren Bild aufs innere Wesen zu blicken. Er spürte der dunklen Vergangenheit einer Arbeitswelt nach, die

Menschen und ihre Häuser zwischen See und Berghang stapelte, dort, wo sie keinen fruchtbaren Boden besetzten. Aber er lernte auch die heimliche Lust an erkämpften, ertrotzten, arglistig erworbenen Freiräumen kennen, jenes unverschämte Behagen, das keinen Fremden etwas anging und erst recht nicht alle Hiesigen. Er fand hoch über den Dächern seine Wege oder dem Wasser nach ins Echerntal, versuchte zu verstehen, was Holz und Stein miteinander so redeten. Ja, und dann traf ihn ziemlich unvermutet der Blitz. Der Blitz war weiblich, hieß Verena, und heute, nach ein paar Jahrzehnten Ehe, kann sich Arnold Lobisser noch immer nicht an ihr sattsehen.

So schlug er denn Wurzeln, nicht wohl oder übel, sondern liebend gerne. Dazu kam, dass er in seiner Schule vom Schüler zum

Lehrer geworden war, zu einem, dem es nicht genügen konnte, dem Lehrplan gerecht zu werden. Deshalb gründete er die Fachklasse für Instrumentenbau, Geigen, Bratschen, Gitarren, aber auch den Nachbau historischer Lauten und Gamben. So kam mehr und mehr Musik in sein Leben, und sie hätte ihn wohl irgendwann zur Gänze ausgefüllt, wäre ihm nicht noch eine besondere Aufgabe zugewachsen, ein unersättlich forderndes Lustobjekt von furchterregender Wucht: das Elternhaus seiner Frau, der Bräugasthof. Niemand weiß, wie alt das mächtige Gemäuer am Seeufer wirklich ist. Jedenfalls wurde das Salzsiederhaus Anfang des 16. Jahrhunderts zur Brauerei. Bis in den Ersten Weltkrieg gab es Bier aus Hallstatt. Dann wurden die kupfernen Braukessel eingeschmolzen. Als sich endlich das frisch vermählte Ehepaar Lobisser hier einzunisten begann, war's schön, aber schaurig, im Grunde genommen zum Fürchten. Andererseits ging es auch hier

um ein Instrument, wenn auch um ein sehr großes, altes, herzlos beschädigtes. Es waren einfach nur viel Zeit, bedächtiger Eifer und kundige Sorgfalt vonnöten, um es wieder klingen zu lassen. Nach und nach wurden die alten Strukturen kenntlich, lag Verborgenes frei, konnte allmählich rekonstruiert und repariert werden. Es dauerte Jahrzehnte, bis der Bräugasthof sein angestammtes Wesen wiederhatte. Ein glückliches Ende? Ach wo. Aber ein vielversprechender Anfang.

Seit die Tochter – natürlich heißt sie Verena – Gäste im Bräugasthof willkommen heißt, bleibt dem Vater mehr Zeit für das Haus und für die Werkstatt im ersten Stock. Hier hängt der Himmel voller Geigen, kann sein, dass sich auch eine Speckschwarte dazwischen findet, es klingt nach Dudelsack, Serpent und Klaviercord und nach vielem mehr. Und es geht nicht nur um Instrumente: Jedes Material ist willkommen, jede Aufgabe macht neu-

gierig oder macht sich auch breit, wie dazumalen, als die Figuren eines Kalvarienberges restauriert sein wollten. Einige waren im ehelichen Schlafgemach untergebracht und der rechte Schächer hatte nachts Frau Lobissers Dirndlgewand über dem Arm hängen. Eigentlich gibt es hier alles, vorausgesetzt, es ist schön, rar oder wenigstens seltsam. Zwischendrin ruht Arnold Lobisser still und verschmitzt in sich selbst, wenn nicht gerade Gäste da sind. Oft genug ist dann das Haus plötzlich voller Leute, Freunde und Fremde, und ein musikantisches Werkstattfest ungeahnten Ausmaßes bahnt sich an. Wenn's wieder ruhig ist, greift Ernst Lobisser nach Neuem. Derzeit schnitzt er mit Händen, die eigentlich Pranken sind, wenn auch sanfter Natur, winzige, kaum daumennagelgroße Vogelhäuschen für noch winzigere Vögel. Und die Holzverbindungen sind nicht geleimt, versteht sich, sondern durchgezapft.

Die josephinische Pendeluhr sollte ich vielleicht noch erwähnen: In ihr wohnt ein schlitzmäuliger Affengott aus dem Kongo.

Heini Staudinger

HEINI STVUDINGER
Der Kopffüßler

Berlin 2013. Eine Stiftung, die kreative Unternehmensgründungen und innovative Geschäftsmodelle fördert, lädt zum Entrepreneurship Summit. („Heutzutage muss es ja Englisch sein", würde hier Dagobert Duck, in Geschäften bekanntermaßen sehr erfolgreich unterwegs, säuerlich anmerken). Eine gewaltig große Bühne mit nur einem Akteur, Heini Staudinger. Da steht er: allein, aber ganz und gar nicht verloren, mit unmissverständlich herausfordernder Beiläufigkeit präsent. Er ist nicht mehr ganz jung, aber immer noch gerne bereit, den Lausbuben in sich zuzulassen. Und der Lausbub ist ein weiser, gewitzter Kopf – das wollen wir erst einmal unterstellen. Ganz abgesehen davon: Was sagt so ein Mensch, wenn er von sich als erfolgreichem Unternehmer berichten soll? Er zitiert erst einmal Rilke.

„Zufälle sind die Menschen, Stimmen, Stücke,
Alltage, Ängste, viele kleine Glücke,
verkleidet schon als Kinder, eingemummt,
als Masken mündig, als Gesicht – verstummt."

Verstanden, Herr Dichter: Das Elend unserer Zeit besteht darin – und das gilt vor allem für Erfolgreiche – dass die wahren, die lebendigen Gesichter für die Märkte längst uninteressant geworden sind. Die Masken zählen und die Geschäfte, die damit verbunden sind. Dann fallen Heini Staudinger noch ein paar Zeilen ein.

„Und wenn ich abends immer weiterginge
aus meinem Garten, drin ich müde bin, –
ich weiß: dann führen alle Wege hin
zum Arsenal der ungelebten Dinge."

Für den Vortragenden lassen diese Zeilen nur ein Verstehen zu: Übles geschieht in der Waffenkammer, dem Arsenal. Dort liegen wegrationalisierte Träume, nicht konforme Gedanken, unrentable Wünsche zuhauf – das macht sie böse und störrisch. Verdrängtes, verstecktes, verbotenes, weggesperrtes Leben bewirkt nämlich Aggression: Gewalt gegen Menschen, gegen die Natur, gegen sich selbst. So weit die Moral. So viel zum Thema Sozialpessimismus.

Aber wollten wir nicht vom Erfolg reden, Herr Staudinger?
Tun wir doch die ganze Zeit:
Wer sein Leben, sein lebendiges Gesicht, einem scheinbaren Erfolg opfert, der kaputt macht, ist ein Verlierer, eingesperrt in die Zwangsjacke seiner überflüssigen und daher wertlosen Statussymbole. Da gibt es einen Satz von Erwin Wagenhofer, der die Technologiebranche mit der Welt des Filmemachers vertauscht hat: „Wir leben in einem Gefängnis mit offenen Türen und Fenstern. Wer sind die ersten, die sich raustrauen?" Und jene, die sich trauen, ins Freie nämlich, an die frische Luft,

sind die wirklich Erfolgreichen und haben Freude daran. Dass sie mit ihrem ungebührlichen Betragen auf einen die leergebrannten Köpfe schüttelnden Rest der Welt treffen werden, wusste schon Marie von Ebner-Eschenbach: „Die glücklichen Sklaven sind die erbittertsten Feinde der Freiheit."

Genug zitiert. Mit bedächtiger Leichtigkeit holt Heini Staudinger den ersten Leitsatz für jene Unternehmer hervor, die das Wort „Erfolg" ganz anders buchstabieren: „Geh, scheiß di net an!", oder, biblisch gesprochen, „Fürchtet euch nicht!" Angst lähmt, Abhängigkeiten machen traurig. Die Freiheit gibt es allerdings nicht gratis. Aber wer bereit ist, in der harten Währung der Selbstverantwortung zu bezahlen, wird eindrucksvoll belohnt. Ah ja. Also nur munter drauflos gestürmt in blindem Selbstvertrauen, und es wird schon was werden? Dem hält der Vortragende mit schlichter, aber nachdrücklicher Gebärde sein zweites Gebot entgegen: „Bitte, sei net so deppert." Die beste Absicht, die edelsten Grundsätze, das reinste Gewissen befreien nicht von der Pflicht, ordentlich zu wirtschaften, genau zu rechnen und strategisch klug zu planen. Wer kein guter Kaufmann ist, hat als guter Mensch keine Chance. Und das war's dann?

An dieser Stelle bringt Heini Staudinger einen allseits sanft belächelten Exoten unter den Begriffen und Parametern der Marktwirtschaft zur Sprache, nämlich Liebe. Also doch ein 68er-Fossil, der Herr Vortragende? Wenn ja, dann ein erstaunlich lebendiges

Fossil mit praxisgerechten Träumen: Leben und leben lassen. Verantwortung nicht nur für den eigenen Sack, sondern auch für das größere Ganze. Das weithin nutzlose Gegenteil erkennt er in kollektiver Verantwortungslosigkeit, manifestiert vor allem im verbissenen Streben nach Konsum. Also doch ein hehrer Apostel des Entsagens? Durchaus nicht: Wäre nämlich Konsum mit vermehrter Lebensfreude verbunden, oder wenigstens mit Spaß, könnte er durchaus Verständnis aufbringen, so nach dem Motto: Wir ruinieren zwar die Welt, aber die letzten zwanzig Jahre waren einfach super. So ist es aber nicht und so wird es nicht sein. Überfluss entwertet und das hastige Erhöhen der Dosis bringt nur vorübergehend scheinbare Befriedigung. Und das Gegenteil von Überfluss? Luxus. Was sonst.

In einem ausgedehnten Waldgebiet am Stadtrand von Schrems wird noch heute Granit abgebaut. Es gibt aber auch aufgelasse-

ne Steinbrüche, die sich allmählich mit Wasser gefüllt haben. So kommt es, dass im grünen Schatten der Buchen, Tannen und Fichten, eingerahmt von hohen Felswänden aus Granit, blanke, spiegelnde Flächen dem Himmel Antwort geben. So ein Gewässer, groß wie ein kleiner See, tief wie ein dunkler, maßloser Gedanke und still wie ein vielstimmig flüsterndes Schweigen ist einfach nur da und wartet auf Besuch. Recht häufig lehnt ein Fahrrad an einem der Baumstämme, und meist gehört es dem Heini Staudinger. Hier fährt er im Herbst behaglich die Ernte seiner Träume ein, stöbert in klirrend kalten Wintertagen in Kopf und Kammer, wagt ein Tänzchen mit dem Frühling, und im Sommer, da lächelt der See und ladet zum Bade, sehr frei nach Friedrich Schiller. Den Sprung mit dem Kopf voran ins kühle oder kalte Wasser hat Heini Staudinger sein Leben lang geübt, und es macht ihm noch heute unverschämt viel Spaß. Dann liegt er in der Sonne und denkt an

seine Waldviertler Schuhwerkstatt, an die Menschen, die davon leben können, denkt schon auch zufrieden an sich selbst. Er hat es offenbar geschafft, als Unternehmer – und stinkreich ist er auch noch: mit seinem schönsten Swimmingpool der Welt. Nicht einmal Bill Gates könnte sich so ein Prachtstück leisten, ganz einfach, weil es nicht für Geld zu haben ist.

Natürlich hat Heini Staudinger nicht nur einen Swimmingpool, sondern auch ein Büro, geräumig, aber viel zu klein, weil seine ganze Welt darin versammelt ist. Ein guter Teil davon ist zwar platzsparend in Büchern verstaut, aber es bleibt immer noch genug, das er gerne in Griffweite, Blickweite und Gedankenweite weiß: Fenster nach draußen, vertrauliche Türen nach innen, Erinnerungsbrücken, Aussichtstürme, Dinge, die anregen, verknüpfen, weiterführen. Oder es geht um Freude, darum, dass er das Lachen nicht verlernt und nicht die Lust auf zielführende

Verrücktheiten. Früher einmal, es ist kaum zwei, drei Ewigkeiten her, konnte es aber schon auch vorkommen, und nur, wenn etwas ganz gemein schiefgegangen ist, dass er sich ausgetobt hat im Büro. Heute lässt er so etwas lieber bleiben, nimmt den Ärger, auch wenn er hellrot glüht, lieber als Kraft zur Selbstermutigung. Leidenschaft bringt mehr als Zorn. Im Grunde genommen will er wenig und alles: die Welt verstehen, handeln können, Sinnhaftigkeit und Zusammenhänge erkennen.

Und er hat schon früh begriffen, worauf es ankommt im Beruf. In Schwanenstadt hat er in der Greißlerei seiner Eltern als einer von fünf Geschwistern sozusagen den ökonomischen Grundkurs in regionaler Wirtschaft absolviert: herzlichen Respekt im Umgang mit Menschen, umfassende Dienstbereitschaft gegenüber Kunden und rasches, sicheres Rechnen im Kopf. Außerdem wurde ihm bald klar, dass auch ein kleines Einkommen genügt, um ein menschenwürdiges, erfreuliches Leben zu führen. Auf ein Zusatzeinkommen wollte er dennoch nicht verzichten: auf geistigen Brennstoff, von der Schule der Lehrer karg dosiert geliefert, in der Schule des Lebens wohl eher zu finden. Also reiste Heini Staudinger erst einmal mit dem Moped an die 12.000 Kilometer durch Afrika. Anschließend vertauschte er zwecks Untermauerung und Vertiefung den Hörsaal Welt mit den Hörsälen der Universität. Mit gehörig viel Theologie, Publizistik, Politologie und Medizin im Kopf beschloss er, endlich den Kopf aus den Wolken und die Füße auf den Boden zu bekommen: Es war einfach Zeit für den nächsten Schritt, und der hatte – irgendwie logisch – mit Schuhen zu tun. Earth Shoes waren nach dem Geschmack des Globetrotters. Also reiste er per Autostopp nach Dänemark, bestellte um viel Geld, das er nicht hatte, Schuhe, und eröffnete mit von Freunden geborgtem Kapital sein erstes GEA-Schuhgeschäft.

Ein paar Jahre später wurde er zum wichtigsten Partner der eben erst gegründeten Waldviertler Schuhwerkstatt, später ihr Geschäftsführer. Schuhfabriken hatten es damals mit vielen an-

gelernten, schlecht bezahlten Arbeitskräften immer noch schwe-
rer zu überleben: Kollektive Bescheidenheit und Sparsamkeit als
konsequent gelebte Alltagstugend waren zwingend geboten. Außerdem half die nicht gewinnorientierte Partnerschaft zwischen
Erzeugung und Vertrieb über das Ärgste hinweg. Aber sie kam
1997 doch, die Krise, wenn auch von außen hineingetragen, aber
das änderte nichts. Schlimme Geldnöte demnach und – nach einer Schrecksekunde – der Wille, noch enger zusammenzurücken,
noch fleißiger zu sein und ganz energisch zu sparen. Letzteres
konnte auch radikale Veränderung bedeuten, rasches Reagie-
ren, den Bruch von Tabus wie den sofortigen Verzicht auf teure
Werbefachleute, stattdessen selbstgemachte Werbung nach Art
des Hauses. Als Dankeschön an die Kunden wurde auch noch
„Brennstoff für Herz und Seele" mitgeliefert: das GEA-Album,
später auch noch das Hausmagazin „Brennstoff".

Letztlich war die gemeinsam durchschrittene Talsohle der Anfang eines steten Weges nach oben. Die privaten Geldgeber sahen das natürlich gerne und ihr wohlmeinendes Vertrauen wuchs noch, als die Finanzaufsicht Heini Staudinger plötzlich zum Banker machen wollte. Er ist es bis heute nicht geworden. Immerhin hat ihn dieser Konflikt sehr bekannt gemacht, er wird jetzt noch lieber mit dem Auto mitgenommen, und das ist gut so, weil er zwar eines hat, aber viel lieber mit öffentlichen Verkehrsmitteln unterwegs ist – oder eben auch per Autostopp. Früher einmal, da hatte er immerhin einen Bausparvertrag, eine Lebensversicherung und ein Sparbuch für den Notfall. Braucht er alles nicht mehr: Er hat das Vertrauen der Menschen rings um ihn. Geht's ihnen gut, geht es ihm gut. Klingt alles so edel. Aber er scheffelt schon ganz wacker, der Heini Staudinger: Gesundheit, Genussfähigkeit, Freude, Lebenslust. Der Neid könnt' einen fressen.

Marika Reichhold

MARIKA REICHHOLD
Frau Franzi

„Die Frage ist", sinniert Marika Reichhold, ohne dabei allzu sehr ins Grübeln zu kommen, „ist die Frau Franzi ein Alter Ego von mir oder bin ich ein Alter Ego der Frau Franzi?"

Es ist eben alles nicht so einfach, war nie so einfach, überwiegend heiter immerhin, aber auch verdammt dunkelgrau so zwischendurch. Damals, zum Beispiel: die Mutter sterbenskrank zuhause, Marika alleingelassen mit einem ererbten, verstaubten Bergwerksmuseum. Doch dann kam Frau Franzi. Und wo Frau Franzi waltet, wird geputzt, dass die Fetzen fliegen, kommt Stimmung auf und Schwung ins Leben.

Marika Reichhold ist Kunsttherapeutin, Theaterpädagogin, Schauspielerin, Gastronomin und Wirtshausbesitzerin. Frau Franzi ist Putzfrau. Zuweilen tauschen die beiden auch die Berufe und die Rollen oder bringen überhaupt alles durcheinander zwischeneinander. Das schadet aber nichts, im Gegenteil: Frau Franzi erläutert dann eben auf irgendeiner Bühne Welttheater und Marika Reichhold putzt das Museum.

Ganz unumstritten hat Frau Franzi aber so etwas wie domestikische Dominanz entwickelt und hört es vermutlich gar nicht gerne, dass auch ein Leben vor Frau Franzi möglich war, ein recht buntes, respektables sogar. Es fing mit einer Wald-und-Wiesen-

Kinderzeit an, weit weg von allem, was Einordnung bedeutet hätte, Anpassung oder gar Zwang. Großvaters Werkstatt war eine riesige, randvoll gefüllte Spielzeugkiste, und alles durfte ausprobiert werden, wirklich alles. Die Wände von Großmutters Küche boten sich in schlichter Selbstverständlichkeit als Malflächen an. Marikas Eltern schauten heiter und gelassen zu und dachten nicht daran, sich mit Anleitungen, Geboten oder gar mit Verboten wichtig zu machen. Konventionelles Spielzeug gab es wenig: Teddybär und Puppe, von Kinderhand bekleidet. Seltsame Musik erklang in dieser kleinen, weiten Welt: Der Vater war in Kanada in amerikanische Kriegsgefangenschaft geraten. Als Mitglied einer Militärkapelle wurde er mit Jazz vertraut, mit Glen Miller, und später schockierte und faszinierte er damit die örtliche Blasmusik. Hingegen intonierte die Mutter ihre Opernarien lieber unter Ausschluss der Öffentlichkeit. Die Tochter nahm neugierig alles auf, lernte und spielte und lebte vor sich hin, ohne großen Plan, doch mit vielen kleinen Zielen, aus denen vielleicht irgendwann etwas Größeres werden konnte. So war das damals, und so ist es heute noch, weil es ja nach wie vor viel mehr Spaß macht, gleichzeitig dahin und dorthin zu gehen statt immer nur geradeaus.

Grünbach dann, die Hauptschule, das erste elterliche Wirtshaus, „Zum Bergmann": eine Hütte mit drei Tischen, gleich neben dem Bergwerk. Grünbach durfte auf den größten Steinkohlenabbau Österreichs stolz sein. Damit war das Mädchen Marika in eine anregend aufregende Männerwelt geraten: Knappen mit Standesbewusstsein und gestandenem Durst, mit aufmüpfigem Selbstvertrauen und robustem Frohsinn. Immerhin hatte ihre Welt unter Tage seit Generationen Bestand. Dennoch drückte auch die dunkle Ahnung aufs Gemüt, dass der stolzen Vergan-

genheit und der unverdrossenen Gegenwart schon bald eine verdrießlich graue Zukunft folgen könnte. Doch, zum Teufel noch einmal, oder bei der Heiligen Barbara, das konnte und durfte ganz einfach nicht sein! Zwei Weltkriege wurden überdauert, der Raubbau der russischen Besatzungsmacht musste ertragen werden, und wäre die Steinkohle aus Grünbach nicht gewesen, hätten die Wiener noch mehr gefroren in den ersten Jahren nach dem Krieg. Das musste schon einmal gesagt werden und noch einmal und oft und oft und nicht zu leise. Marikas kosmopolitische Eltern Mary und Theddy Krumböck dirigierten die vielstimmige Wortgewalt im Wirtshaus mit verteilten Rollen: der Wirt als Stimmungsmacher, die Wirtin als Ordnungsmacht. Leicht war's dennoch nicht, das Leben in der Provinz. In vermeintlich besseren Grünbacher Kreisen war das Grätzel „der Neuschacht" eher verrufen, und die Wirtsleute dort … na ja, ganz unterhaltsam, wie exotische Spinner eben sind, aber doch einigermaßen verrückt, um es einmal höflich zu sagen.

Dazu passte der befremdlich lockere Umgang mit ihren Kindern. Es ging einfach darum, dem Leben Türen und Fenster zu öffnen, statt darüber nachzudenken, wie es mit mahnendem Zeigefinger einzuengen sei. Erziehung? Natürlich. Kultur? Sehr gerne! Verzopfte Konventionen? Nein danke. Marika und ihre Schwester sollten erst gar nicht auf den Gedanken kommen, dass es irgendeinen Schritt oder Flügelschlag gäbe, der ihnen verwehrt sei, dass sie als Mädchen nicht denken, träumen, tun konnten, was immer sie wollten. Das war einzusehen, das machte Spaß und bewährte sich in den folgenden Jahren aufs Vergnüglichste, allen Veränderungen und Umbrüchen zum Trotz.

Doch es gab auch Veränderungen, die lähmenden Stillstand brachten. 1965 ging es mit dem Bergbau zu Ende. Einem Ort, einer Region, wurde die in Jahrhunderten gewachsene Identität genommen und die Menschen hier fielen aus ihrer festgefügten Arbeitswelt, prallten hart auf oder verfingen sich in hastig ge-

knüpften Netzen. Die Vergangenheit war allenfalls aktenkundig oder zur Entsorgung freigegeben. Die moderne Welt war ohnedies aus Plastik und Stahlbeton gemacht, und den Rest erledigte neuerdings unser Freund, das Atom, im gespaltenen Kernumdrehen. Aber die Familie Krumböck wollte das nicht einfach hinnehmen. Das Gasthaus „Zum Bergmann" wurde ausgebaut und die väterliche Sammelwut ließ es allmählich zum Bergwerksmuseum werden. Es wurde also gekauft, solange das Geld reichte, gehortet, geordnet, ausgestellt.

Und dann war da noch das durchaus lustvolle Fernweh der Eltern, von Marika neugierig und unternehmungslustig geteilt. Mit ihrem Vater hat sie mit den reichsten Edelsteinhändlern in Brasilien und Peru geredet (auf Augenhöhe, versteht sich), in Afrika im Straßengraben geschlafen, in Borneo bei den Kopfjägern gewohnt. Mit Frau Mutter wurden im Hausboot mit den Einheimischen der Rio Negro und der Amazonas erkundet, Piranhas und Alligatoren waren willkommene (Foto-)Beute. Dann noch durchwachte Karnevalsnächte in Rio, ein gekauftes Stückchen Urwald in Costa Rica, und, und ...

So zwischendurch immer wieder eine merklich entspannte Heimkehr. Grünbach am Schneeberg nahm sie mehr oder minder freundlich auf, hüllte sie ein in vertraute Bilder, Stimmen und Gerüche, und all das Fremde, Exotische, Rätselhafte, das die Reisenden mitgebracht hatten, gehörte ab nun eben ganz selbstverständlich dazu. Doch irgendwann waren die Reiseabenteuer zum Massentourismus geworden und es war dringend geboten, die große weite Welt ins eigene Haus zu holen.

Wenn dort schon für ein Museum Platz war, musste es doch auch für einen Dschungel reichen, für eine exterritoriale Residenz der Wildnis sozusagen, ein gottloses Heiligtum in einem der Zimmer im ersten Stock. Dort, sorgsam verborgen vor unbefugten Blicken, wuchert seitdem ein gemalter Dschungel, hält das Treiben seiner gemalten Bewohner für einen Herzschlag inne, und dem regungslosen Krokodil ist nicht zu trauen: ausgestopft oder nur scheinbar leblos lauernd? Wer weiß das schon ... So war Grünbach am Schneeberg anders geworden ohne anders auszuschauen.

Marika lebte indes weiter tatkräftig und wissbegierig drauflos, wie sie es schon immer getan hatte, auch fernab von Grünbach, im Internat und in der Schule. Später fand sie den passenden Mann und schenkte zwei überaus wohlgeratenen Kindern, Astrid und Lukas, das Leben. So nebenbei ließ sie sich alles beibringen, was sie schon immer gerne gekonnt hätte: Töpfern, Ikebana, Ballett, Sportfechten, Papierschöpfen, Aquarell-, Kulissen- und Illusionsmalerei, Mosaik legen, Gestaltung und Inszenierung mit Materialien, das Schreiben von Gedichten, und, und … was der Mensch halt so braucht für ein halbwegs erfülltes Dasein. Sie hat Fingerhüte und ein Hotel bemalt, eben alles ausprobiert, sich nie festlegen wollen. Eine Ausbildung für multimediale Kunsttherapie folgte. Nach und nach wurde das Theater wichtig, Theaterpädagogik, Übungen mit animierten Objekten und anderen theatralischen Ausdrucksformen. Aber warum eigentlich nicht auch selbst spielen? Das brauchte sich Marika

Reichhold nicht zweimal zu sagen. Spiellust? Befriedigt. Spaß an abartigen Zugängen und schwarzem Humor? Spielwiese gefunden.

Und dann auch noch: Marika Reichhold, die Museumsbesitzerin. Sehr still war es im Elternhaus geworden, und die vielen Ausstellungsobjekte umringten ihre neue Kustodin stumm, staubig und melancholisch drängend. Gab es wirklich genug Publikum für so eine spezifische Sammlung? Andererseits: Hatte nicht schon Maria Theresia, kaum zu übertreffen an praktikabler Lebensklugheit, angemerkt, dass „Spectacles" sein müssten? Na, dann eben wieder einmal ein beherzter Sprung auf die Bühne, und die hieß diesmal Bergwerksmuseum. Fehlte nur noch ein regiekundiger Mittäter. Doch den gab es ja schon: Mit Christian Suchy hatte sie bereits erfolgreich zusammengearbeitet. Damit war die eingangs rühmlich erwähnte Frau Franzi als überaus erwachsenes Geschöpf zur Welt gekommen, das in Ermangelung ihrer (ohnehin unnötigen) Chefin nur zu gerne durchs Museum führt: kurzbeinig geerdet, wenn sie nicht gerade hüpft oder klettert, für jeden spannenden Kurzschluss zu haben, wenn sie nicht gerade weite Bögen spannt zwischen der Mongolei, Lissabon und Grünbach, zwischen verschobenen Kontinentalplatten und Grünbach, den Urfarnen des Karbon  und der Steinkohle von Grünbach. Goschert waltet sie ihres Amtes, schwatzhaft, frech, herzlich, wenn sie nicht gerade heimtückisch feixend abwartet, bis die neueste Pointe sitzt und pickt.

Erst war's mühsam, dann ganz gut, jetzt läuft es erfreulich. Und Frau Franzi? Stets darum bemüht, die Menschheit nicht dumm sterben zu lassen, folgt sie unerschrocken dem Ruf auf Theater-Bühnen außerhalb des Museums, erzählt sich wortgewitzt putzend, polierend, rekapitulierend und interpretierend durch Dramen vom Herrn Shakespeare und legt sich mit Jedermann an. Ihr Publikum mag das, mag das sehr, nachzulesen im Internet. „Liebe Frau Franzi", schrieb da zum Beispiel einer, „Shakespeare wäre stolz auf dich."

Dem Museum bleibt Frau Franzi natürlich treu, jeden ersten Sonntag im Monat. Die Frau Chefin tät nämlich schön schauen ohne ihre Putzfrau. Dreckig ging's ihr.

Bodo Hell

BODO HELL
Worthirte

„zu AlmBeginn (meist gegen Ende Juni) sind um ½ 5h früh (es dämmert oder graut bereits) die Vorbereitungen fürs Morgenmelken zu treffen, 12 Wochen später gegen AlmEnde (meist Mitte September) hat sich dann der Tagesbeginn um 2 Stunden nach hinten auf ca. ½ 7 verschoben, den Lichtverhältnissen folgend (denn die Geißen, aber auch die im selben Stall auf ihren Stangen sitzenden Hühner sind nicht schon in der Dunkelheit hellwach oder gar aktionsbereit, sondern dämmern vor sich hin, allerdings könnte man, wenn nötig, die Geißen mit sanfter Gewalt zum Melken hochziehen, auch anschließend gemeinsam in die weite Felslandschaft fortführen, wenn etwa ein Sonnenaufgangsfoto auf einem aussichtsreichen Gipfel mit den gehörnten Capriden im Gegenlicht angesagt ist und somit eine Stunde Aufstieg dorthin gemeinsam absolviert werden muß"

So beginnt eine von vielen Almnotizen Bodo Hells. Sie trägt den Titel „Capriccio II Morgenmelken auf der Alm (von Hand: 5 Ziegen im Sommer 2012, nämlich Ebony, Sina, Livery, Leonie, Iduna-Dani)".

Ihre Namen haben die Ziegen übrigens von ihren bäuerlichen Besitzern bekommen. Der Zeitgeist weht halt, wo er will. Aber das ist für die Kühe und Pferde, die Hühner und Ziegen auf der

Grafenbergalm ohne jede Bedeutung. Und Bodo Hell hat ohnehin genug mit jenen Geistern zu tun, die er rief und nicht mehr los wird, weil er sie nicht loslassen will. Er ist nämlich Zauberlehrling und Meister in einem, spielend, um sich in der virtuosen Beherrschung des Spiels zu üben, neugierig lernend, um seine Schatzkammern zu füllen.

Auf der Alm bedeutet das erst einmal harte Arbeit, manches davon in sorgfältig eingeübte Rituale gegossen, bedeutet aber auch Inspiration: Das Wort reibt sich an der Stille, Schritte werden sehend, Anarchie und Ordnung geraten ineinander. In der Ausgesetztheit hoch oben hat Nähe eine andere Qualität, auch die zu den ihm anvertrauten Tieren. Menschen dürfen auf Gastfreundschaft hoffen. Immerhin haben sie den beschwerlichen Weg auf sich genommen. Mit Gästen wird geteilt, was eben da ist: Sitzplatz, Brot, Käse, Milch, Wasser vom Brunnen, die Landschaft, die Tiere, der Klang von Bodo Hells Maultrommel, bisweilen aber auch nur der Himmel, wenn der Hirt auf Viehsuche unterwegs sein muss.

„Nummer 1: ebendiese elfenbeinerne Geiß (Ebony) mit ihren extrem gebogenen Hörnern (übrigens detto heuer die Älteste, wenn auch nicht die erste in der Rangordnung) wird losgebunden, ein paar Schritt nach vorn zum Melkplatz geführt und dort am Hals in der engen Kette mit DurchsteckVerschluß fixiert, währenddessen versucht sie die ganze Zeit an den Händen und Armen des Melkers zu lecken, als müsste sie da imaginäres Salz von der Haut abschlecken, ihre Rückenverletzung eben an einer Stelle, die sie im mehrmaligen Rückwurf des Kopfes noch mit dem Horn erreichen konnte und bei Fliegenbesatz selbst immer wie-

der wundgestoßen hat (eosenophiles Granulom, eine weitgehend unbekannte Funktionsstörung der Wundheilung, sonst vornehmlich bei Katzen), diese Stelle am Rücken ist jetzt nach Anwendung einer Decksalbe und naturmedizinischer Wundpulverbestäubung (Zäpfelstubb aus den Sporen des Bärlapps, hergestellt von den Älplern Maria Daum und Franz Bergler) abgeheilt, wenn auch die Hautstelle kahl geblieben, der dampfende Waschkübel wird an diese dreifärbige Rauriser Tauernscheckin herangezogen (ah die Wärme wird dir guttun), bisweilen versucht sie da auch herauszusaufen (aber es ist doch keine Molke drin), ohne Hocker in die Hockerstellung gehen (Melker mit verkürzten Achillessehnen könnten in dieser Haltung Schwierigkeiten bekommen, auch Trägerinnen von Minusabsätzen, high heels haben im Stall sowieso nichts verloren, nicht einmal für den BäuerinnenKalender) und schon saust der ausgewrungene Waschlappen ans Euter und wird angelegentlich um Zitzen und Ziegenbauch geführt (was bisweilen von den Betroffenen genossen wird, allerdings bei neuen Kandidatinnen auch zu Ausweichmanövern derselben führen kann) oder man reinigt trocken mit KüchenrollenPapier (wie es die hochschwaberfahrene Sennerin Petra Merschak empfiehlt), jeweils ein ProbeMilchspritzer aus den Zitzen geht auf den Boden, zur Reinigung der Strichkanäle (eigentlich sollte man diese Vormilch in ein eigenes Gefäß spritzen und den Hühnern geben, wie nachher das Ausgepresste aus den Wattescheiben), und das eigentlich milchgewinnende Melken kann jetzt beginnen."

Diese Almnotizen zeichnen penibel beobachtend, sorgfältig recherchierend, dokumentierend, reflektierend, nicht zuletzt entmystifizierend, eine für Bodo Hell wesentliche Lebenswelt nach, die von seinem literarischen Schaffen den langen Rest des Jahres über nicht zu trennen ist. Wie der Käse und die von Hand beschrifteten Hühnereier sind die Notizen Produkte seiner Almwirtschaft und haben auch viel mit verbaler Vorratshaltung zu tun. Es ist zwar nicht vorstellbar, dass dieser wenig mehr als siebzig Jahre alte Jüngling jemals seine gämsenhafte Trittsicherheit und Zähigkeit verlieren könnte, aber, gesetzt den Fall … dann hätte er längst überreiche Ernte eingefahren. Diese Texte nämlich, die Almnotizen, ohnehin schon von hohem Anspruch – denn irgendetwas irgendwie hinzuschreiben, brächte er nie übers Herz –, sind demnach Zeilenmaterial, das, zum großen, umfassenden Werk geworden, das Hirtendasein mit Bodo Hells literarischer Existenz verschmelzen könnte. Mehr noch: Dieses späte Werk, aufs Neue durchgedacht, durchgefühlt und durchgestaltet, hätte dann die Kraft und die Intensität, viele, viele Almsommer so lebendig zu bewahren, dass die Alm in Bodo Hell auch Wirklichkeit bliebe, wenn der Hirt nur noch die Worte hütet: alles niedergeschrieben und damit wirklich zu Ende erlebt.

So wäre dann auch endlich versöhnt und verbunden, was ohnehin immer versöhnt und verbunden war, aber doch vielfach als gegen-

sätzlich und widersprüchlich wahrgenommen wurde: ein verwurzelter Modernist, einer, der Lust am einfachen, bedächtigen Leben und an unendlich vielschichtiger Kompliziertheit hat, gestapelt, verschachtelt, komponiert, in seinen unduldsamen Rhythmus eingeschrieben. Ein Mensch, der sich vergnügt und zufrieden bis zur Askese bescheidet, aber sich unersättlich alles holt, was er haben, wissen möchte, kennenlernen, sich zu eigen machen. Nicht zuletzt einer, dem das Schweigen und die Stille wichtig sind, der aber, weit über literarische Kategorien hinweg, sich ungeniert und virtuos jeder künstlerischen Ausdrucksform bedient, die seinen Wortwäldern, Klanggespinsten und Bilderwelten entspricht.

So ein kompletter, komplexer Mensch kommt nicht von ungefähr. Schon seine Geburt hat etwas von beiläufiger Präzision: die Mutter mitten im Zweiten Weltkrieg auf dem Weg aus Salzburg nach Berlin, um dort ihren Mann zu treffen, aus Russland angereist. Neun Monate später die Geburt im St.-Johanns-Spital in Salzburg-Mülln. Schon die melodische Abfolge der Ortsnamen der Salzburger Umgebung hätte Bodo Hell gefallen können,

wäre er nur älter gewesen: Wals, Gois, Siezenheim, Großgmain, Marzoll, Ainring, Grödig. Jedenfalls waren Berge ringsum, himmelhohe Grenzsteine in der Welt der Kindheit und Jugend: der Gaisberg mit dem Nockstein, der Untersberg mit der Rositten vor allem, der Hohe Göll, das Hagengebirge, das Tennengebirge, der Schwarzerberg sowie Schlenken und Schmittenstein (den die anrückenden Franzosen für die Festung Hohensalzburg gehalten haben sollen). Kaum konnte das Kind gehen, begleitete es den Vater ins Holz, kaum konnte das Kind zuhören, las ihm die Mutter vor: wenig Kindertümliches, viel lieber Klassiker. Und da war es schon: ein alltägliches, selbstverständliches Gemenge von Außenwelt und Geisteswelt, die Erfahrung von Landschaft, Natur und Literatur. So etwas macht neugierig, weckt Interesse und die Lust, damit etwas anzufangen, spielerisch vorerst.

Ein paar Bilder prägen sich ein: graunackte Gipfel, das Wildwasser der Krimmler Ache, andere Bäche, extra hoch gebaute

Brücken (so dass es den Drüberfahrenden den Magen aushebt), ein zum Dreirad umgebautes Motorrad des Tauernhaus-Hüttenwirts, mit Plattform, über Drischübl rumpelnd. Da sind wilde Geschichten vom Zigarettenschmuggel übers Gebirge und die kaum weniger abenteuerliche „Schatzsuche" nach den im Wildbach geschliffenen Steinkugeln. Seltsam Feudales zwischendurch: nach dem Krieg die Einquartierung in einem Schlösschen. Die Bücher in der unfassbar reichen Bibliothek mit Linolschnitten versehen, nämlich mit Ex-Libris-et-Musicis-Drucken der Veronika Habsburg-Lothringen Toskana, genannt „Fräulein Puppe".

Sehr bald zeichnen sich Lebenswege ab: ein zielbewusst mäandrierender durch die Welt der Literatur – später auch der eigenen – und ein nicht minder energisch angestrebter in die Landschaft, in die Natur, vorzugsweise bergwärts. Und es war klar, dass nur beide Wege gemeinsam ans Ziel führen konnten, an viele Ziele. Über all dem wölbte sich das transzendente Reich der Kirchenbilder und Kirchentöne, der Mystik, der Religion – allerdings eines, das die Vorstellungskraft der Religionslehrer heillos überforderte. Bodo Hell, schon damals geübt im Negieren banaler Kausalketten und im verblüffenden Brückenschlag über sie hinweg, inskribierte noch während der Mittelschule Orgelmusik am Salzburger Mozarteum. War doch ganz logisch: Jetzt brauchte er einen Schlüssel, der in sehr viele Schlösser passte. Melodie und Rhythmik waren doch in allem und dazu noch die Orgel, ein Windinstrument, ein Aerophon, mächtig atmende Mittlerin zwischen Himmel und Erde ... So konnte auch sein frühes Schreiben nach den eigenen Vorstellungen

gelingen. Und es gelang: 1972 wurden drei seiner Erzählungen mit dem Preis der eben erst gegründeten Rauriser Literaturtage ausgezeichnet. Also noch mehr schreiben, noch mehr studieren: Film und Fernsehen an der Wiener Akademie für Musik und darstellende Kunst, dazu Philosophie, Germanistik und Geschichte. Brotarbeit so nebenbei mit durchaus brauchbaren Erfahrungen, zum Beispiel in Garagen, damals noch von dienstbereitem Personal bevölkert, als Hilfsbeleuchter am Theater. Als es dann geboten war, sich ganz dem Schreiben zuzuwenden, fühlte sich Bodo Hell frei und geborgen in der Gewissheit, dass es nichts gab, was es nicht für ihn geben konnte, und er schaffte auch noch das Kunststück, seinen eigenen Kurs zwischen den für ihn bestimmenden literarischen Leuchtfeuern zu finden: dem sogenannten nouveau roman, der Wiener Gruppe, der Vortragskunst von Ernst Jandl und den Prosa-Kühnheiten von Friederike Mayröcker.

Und der Weg hinauf zu den Almen und Felsen war immer noch

sein Weg. Eines Tages fand er sich denn am östlichen Dachstein-
stock wieder, am Dreiländereck Salzburg, Oberösterreich und
Steiermark, mit einem Schnürl, einem Taschenmesser und etwas
Geld im Sack, vor einer Hundertschaft von Rindviechern im un-
übersichtlichsten Gelände. Zuvor hatte ihm die Hintereggerbäue-
rin Julie als erste zugetraut, eine Goaß namens Julie zu hüten, ein
Wesen ganz knapp vor der Schwelle zur menschenverständlichen
Sprache. Ihre bei den Jungbauern geübte Fertigkeit im Durchbei-
ßen von Mopedkabeln ließ Bodo Hells Zweirad im Sinne neu ge-
gründeter sommerlicher Zweisamkeit beinahe unbehelligt. Vielleicht 14 Jahre ist das gute, fürderhin gealpte Tier alt geworden, es
starb eines würdigen Todes und wurde oben auch begraben.

Wir vermeinen zu wissen, wie es weiterging mit Bodo Hell,
mit dem zyklisch wiederkehrenden konzentrierten Almleben
und mit seiner beharrlich betriebenen und schelmisch durchtrie-
benen Literaturinsistenz.

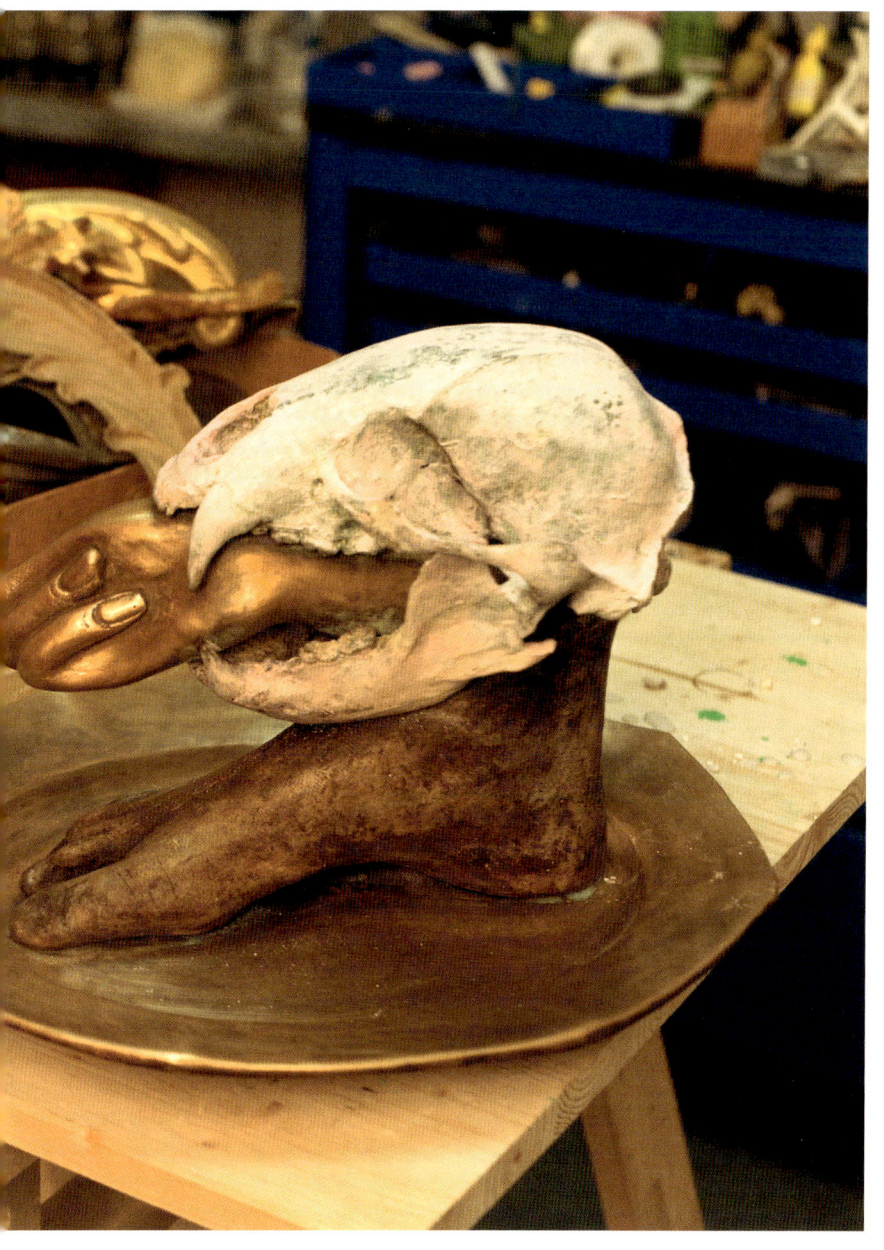

Daniel Spoerri

DANIEL SPOERRI
Schöpferisch destruktiv

Er ist selbstverständlich jung und unverschämt alt, mit jenem mitleidlosen Intellekt geschlagen, der Beschönigung verbietet, allenfalls Galgenhumor zulässt. Daniel Spoerri entwickelt Kunst aus dem Augenblick und aus sich selbst heraus. Wie wird man so, wie ist man so? Man lässt es geschehen. Man nimmt sich die Freiheit unter striktem Ausschluss der Beliebigkeit. Das gelingt nicht einfach irgendwie, kann nur trotzdem gelingen, weil einem eben gar nichts anderes übrigbleibt: Die geraubte Identität fordert radikalen Ersatz, Heimatlosigkeit wird nur durch viele Schauplätze, Liegeplätze und Lebensorte erträglich, wie eben Defizite aller Art nur als Kraftquellen zu etwas taugen. Ein Freund Spoerris, Objektkünstler und Psychiater, wollte ihn einmal auf die Couch locken und dafür Geld haben, weil auch das therapeutisch geboten war. Spoerri verweigerte sich und wies darauf hin, dass er ja von seinen Komplexen lebe, also ihm ein entsprechendes Honorar für deren ärztliche Ausbeutung zustünde.

In jeder Hinsicht honorarfrei war hingegen jene Therapie, die ihm sein Vater, Isaac Feinstein, Missionar der norwegisch-lutheranischen Kirche, verordnete. Das Kind Daniel intonierte am Klo „Ein feste Burg ist unser Gott" und wurde mit einer Ohrfeige auf den rechten Pfad verwiesen. Viele Jahre später schrieb Daniel

Spoerri den Text „Hommage à Isaac Feinstein – Daniel, Du Apfel, falle weit vom Stamm."

Aber es war eine glückliche Kindheit in der rumänischen Stadt Galati, von des Vater Strenge einmal abgesehen. Nicht einmal der Krieg konnte anfangs etwas daran ändern: Ein paar kleinere Bomben wurden von der Bande rings um Daniel mehr als Abenteuer denn als Bedrohung wahrgenommen. Sogar die deutschen Soldaten waren ganz nett, hatten sogar Schokolade für den „Judenbuben". Dann aber starb der Vater in einem der Todeszüge der Nazis, die Mutter flüchtete mit Daniel, dem ältesten Sohn, und dessen fünf Geschwistern in die Schweiz, nach Zürich – und dort nahm das Unheil seinen Lauf. Der Onkel, Theophil Spörri, nahm sich mit strenger Güte und pedantischer Willkür der rechtschaffen geordneten Zukunft seines Neffen an. Doch was sollte einer, dem die Familie, der Glaube an Gott und der Glaube an sich ge-

raubt worden war, verdammt noch einmal, damit anfangen? Also vielleicht Landwirt, als erdige Alternative? Die ohnehin nicht sehr innige Liebe zur Scholle blieb unfruchtbar. Außerdem war ein künftiger Bauer, der bis tief in die Nacht hinein Rilke, George und Hofmannsthal las, auf dem Lande zutiefst suspekt.

Aber Existenz zählte neuerdings ohnehin mehr als Essenz. Es gab junge Leute, mit denen es Spaß machte, darüber zu reden, das Künstlerpaar Jean Tinguely und Eva Aeppli aus Basel zum Beispiel, und es gab anregend finstere Unterwelten wie den Tresterkeller in Zürich. Dort tanzte Daniel Spoerri trotzig und wild die Nächte durch, ohne zu ahnen, dass längst ein wohlwollend forderndes Auge auf ihm ruhte. Der Architekt und Tänzer Max Terpis war auf ihn aufmerksam geworden und verordnete dem jungen Mann nachdrücklich eine Bühnen-Karriere: Theatertanzschule in Zürich, Ballettstudium in Paris, respektable Engagements als Tänzer, Choreograph und Regisseur. Damit wäre eine erfolgreiche Zukunft vorgezeichnet gewesen, doch das war für Daniel Spoerri eher beunruhigend. Er wollte wieder nach Paris, wo Jean Tinguely und Eva Aeppli inzwischen lebten und wo es ein der Avantgarde verpflichtetes Künstlermilieu gab. Das war ein Biotop nach seinem Geschmack: maßlos, schrankenlos, ohne bürgerliche Bedenken. Wie hatte ihm doch dereinst Hermann Hesse auf einen schwärmerischen Brief geantwortet? „Sie wollen den Fünfer und das Weggli." Ja doch. Und den Rest der Welt auch noch. Da war sie endlich, eine, seine neue Identität. Und es gab wieder einmal fast so etwas wie Heimat: ein Zimmer unter dem Dach im „Hotel des Ternes", einem Stundenhotel mit ein paar sozusagen ehrenhaften Zimmern, monatlich vermietet. Daniel Spoerri wohnte darin meist hungrig, entschlossen vergnügt und nicht immer allein.

Vor allem aber hatte er dort 1960 eine Idee. Weil er nun einmal der Bewegung und Veränderung zugetan war, Stillstand und Erstarrung hingegen hasste, sann er darauf, mit Fixierungen Unbehagen zu bereiten. Er ging also daran, als Handlanger des Zufalls den Betrachter mit „Fallenbildern" in die Falle zu locken. Die Situation eines Augenblickes wird fixiert und gekippt. So finden sich zum Beispiel Reste einer Mahlzeit, zum Bild erklärt, mit der Tischplatte in der Vertikale und auf Augenhöhe wieder. Traurig, traurig: Aus dem jungen Mann, der doch recht gefällige Gedichte in Prosa geschrieben hatte und aus dem auf den Bühnen weiß Gott was hätte werden können,

war einer geworden, der ästhetisch zweifelhafte Dinge festklebte, auch dreckiges Geschirr. Schlimmer noch: In den nächsten Jahren entwickelte er das Projekt konsequent und logisch weiter. Dem Fallenbild im Quadrat wurden auch noch die verwendeten Werkzeuge eingefügt, künstlerische Fallenbilder verfremdeten die dem Zufall verpflichteten einfachen Fallenbilder mit getarnter Intervention. Letztere muss, um es endlich kompliziert zu machen, allerdings nicht vom Künstler kommen, sondern kann erst recht dem Zufall geschuldet sein. Im Keller einer Mailänder Galerie leerten zum Beispiel Ratten eine Tube mit „Amora"-Senf und taten sich an Knochen gütlich. Wieder ausgestellt, erhielten also die Bilder den Zusatz „In Zusammenarbeit mit den Ratten der Galerie Schwarz".

Die Irritation nimmt freudig ihren Fortgang: Die „Détrompe l'oeil" – Ent-Täuschungsbilder – führen die Wirklichkeit von

Bildern, die als Unterlage dienen, ad absurdum und schieben sie ins Profane. So wird ein rieselnder Bach in der Landschaft eben mit Wasserhahn und Dusche ergänzt, oder bekommt das Kinderporträt im kriminalistischen Handbuch mit einem Maulkorb beklemmende Dimensionen. Auch der Kunstmultiplikator trug nicht eben zur Entwirrung bei: ein Spiegelsystem lässt Wirklichkeit und Nachbildung ineinander übergehen. Und kein Ende mit gefrorenen, deplatzierten Wirklichkeiten: Ein Tonbandmitschnitt aus einer Küche in Nizza kam als Theaterstück, als Fallenstück, auf die Bühne, erst falsch, weil Schauspieler sprachen, dann echt, weil das Tonband abgespielt und kommentiert wurde. Der hübsche Titel: „Ja, Mama, das machen wir!" Allmählich stellte sich in der Entwicklung der Fallenbilder eine gewisse Unersättlichkeit ein. Spoerri verwandelte die Pariser Galerie J mit seiner Sammlung von 723 Küchengeräten in ein Restaurant. Somit wurden die Tische zu Fallenbildern, die Lebensmittel zu Ausstellungsobjekten, durch den Verzehr (siehe Galerie-Ratten) verändert und gestaltet – nur waren eben diesmal Menschen am Werk. Und die mussten sich nicht länger damit begnügen, zu sehen und zu tasten, sondern durften auch riechen und schmecken.

Natürlich war damit das Thema „Fallenbilder" noch lange nicht erschöpft und nahm in New York (wo sonst) ungeahnte Dimensionen an: Auf 31 Tischen das gleiche Mahl, variiert durch das Verhalten der geladenen Gäste. Mit der kulinarischen Komponente war etwas Sinnliches, Emotionelles ins Spiel gekommen, das schon zuvor in der Ausstellung „Der Krämerladen" zu spüren gewesen war. Da wurden von Spoerri signierte Lebensmittel zu Kunstwerken abgestempelt, und Brote, in die Abfall eingebacken war, als Kataloge verkauft. Ein Skandal, räsonierte das Deutsche Brotmuseum, und es sei abzusehen, dass ob des frevelhaften Tuns bald einmal „die hungrigen Massen in unsere Welt einbrechen" würden. Der Gedanke, dass der Abfall im Brot an das Brot im Abfall der städtischen Wegwerfgesellschaft gemahnte, blieb ungedacht. Essbares aus dem Krämerladen hat Spoerri dann übrigens verzehrt, als er wieder einmal kein Geld hatte und hungrig war.

Spannend, das alles, und dennoch ein ketzerischer Gedanke: Konnte Entwicklung, und sei sie noch so reich an Ideen und Facetten, nicht auch Stillstand bedeuten, wenn sie sich logischer Konsequenz fügte, fügen musste? Wir ahnen es: Daniel Spoerri war reif für die Insel. Er fand Symi, oder Symi fand ihn: eine Vulkaninsel in der Ägäis, klein, unfruchtbar, ein trotzig in sich ruhendes Universum, dem Untergang geweiht, auch wenn dieser noch ein paar Ewigkeiten ausbleiben konnte. Für Spoerri war Symi die wichtigste Erfahrung seines Lebens, wichtiger als Paris und New York: Nicht nur intellektuelle und formale, sondern auch emotionale Aspekte bestimmten fortan seine Objekte. Symi ließ es zudem naheliegen, das Überleben durch den Tod zu begreifen, die Sinnlichkeit jenes Todes zu sehen, der dem Essen vorangeht, auch die Kehrseite, den Abfall, aus dem Neues entstehen kann. In dreizehn Inselmonaten hatte die Logik bald nicht mehr viel zu sagen, die eigene innere Uhr wurde bestimmend, Pensée sauvage, das „Wilde Denken". Gerade noch rechtzeitig, bevor Symi zur Welt wurde, zur bezwingend einzigen Welt, reiste Spoerri ab, ging wieder unter die Leute und eröffnete in Düsseldorf ein Restaurant, kein gespieltes diesmal, sondern ein echtes, das sich vor Gästen von der Straße beweisen musste, an den Wänden die gesammelte Korrespondenz vergangener Jahre. „Eat Art" war in die Welt gekommen, Bühne legendärer Aktionen und Bankette. Außerdem wurde im Restaurant Spoerri ein Jahr hindurch täglich ein Tisch fixiert.

Assemblagen, allerdings von konzeptionellen Zwängen befreit, blieben der Mittelpunkt seines Schaffens, die Sichtbarmachung existenzieller Fragen und Welten mit jenen Mitteln, die sich gerade fanden, Banalität, Kitsch und Grausamkeit nicht ausgeschlossen. Alles Vordergründige hat eben einen Hintergrund, der es ermöglicht, das Vordergründige neu zu lesen.

Solches und das alltäglich kunsttaugliche Prinzip, das zu machen, was man nicht sein lassen kann, vermittelte Spoerri auch über viele Jahre als akademisch Lehrender. Er hatte Freude daran, wollte sich dann aber doch wieder ganz der eigenen Arbeit widmen. Und – seltsam – er, der notorisch Heimatlose, Unbehauste, begann sich niederzulassen, wenn auch da und dort, um sich nicht festzulegen, aber doch mit verhaltenem Nachdruck. In der Toskana entstand „Il Giardino di Daniel Spoerri", der Skulpturengarten. Über dem Eingangstor steht zu lesen: „Hic Terminus hae-

ret", hier haften die Übergänge … Spoerri ist jetzt Ehrenbürger von Seggiano, ohne ehrende Pflichten, gottlob. Und in Hadersdorf am Kamp gibt es das Ausstellungshaus Spoerri. Ein neues Projekt ist im Werden: In verstörend schöner Leblosigkeit erstarrte Gliederpuppen holen den Tod von Gefangenen, die gegen Ende des Zweiten Weltkrieges ermordet wurden, in die Gegenwart: „Die hingerichteten Klone". Diesseits und Jenseits werden eins, das war schon immer so im Leben des Daniel Spoerri.

Von der Todessehnsucht – ständige Begleiterin über viele Jahre hinweg – sind nur noch zerschlissene Schatten da, doch die sind willkommen. Daniel Spoerri weiß sich mit Hölderlin eines Sinnes: „Da, wo der Stachel schmerzt, sich Träume spinnen."

Otto Lechner

OTTO LECHNER
Tonmeister

„Die Einwohner einer Großstadt, wir wollen Wien einmal als solche gelten lassen, zeichnen sich in erster Linie dadurch aus, dass wir nichts Näheres über sie sagen können; hier geboren, eingeflüchtet oder zugereist, an unterschiedlichen kulturellen Wurzeln mehr oder weniger lose hängend, eine oder mehrere Muttersprachen besser oder weniger gut beherrschend, meist aber stumm, bilden wir den Fleckerlteppich, den ich meine und dessen skurrile Schönheit ich sehr schätze."

Also schrieb Otto Lechner und schritt zur musikalischen Tat. Der Tatort war die Volksschule Darwingasse im zweiten Wiener Gemeindebezirk. Dort gab es engagierte Lehrer, die einen Ausländeranteil um die 98 Prozent als spannende Herausforderung betrachteten, und Kinder zwischen sechs und zehn Jahren, die bereit waren, für eine CD Lieder aus ihrer jeweiligen Heimat zu singen. Otto Lechner bemühte sich erst gar nicht, einen pädagogisch wertvollen Ansatz zu suchen, weil er ihn ohnedies nicht gefunden hätte. Er wollte einfach die Lust am Singen wecken, hörbare, ausdrucksstarke Freude. Mit dem Akkordeon bettete er die Stimmen ein und half dabei, den Rhythmus einigermaßen zu halten. Ein mitreißendes gemeinsames Musizieren ist dennoch nicht daraus geworden, schon eher ein ambitionierter Versuch mit sehr unterschiedlichen Ergebnissen. Aber das Wichtigste ist ja doch gelungen, und zwar eindrucksvoll, authentisch und facettenreich – nämlich kulturellen Reichtum erklingen zu lassen. Schulkinder, die viele Sprachen sprechen und aus unterschiedlichen Kulturen kommen, bringen die Welt in die Stadt. Vielfalt ist nun einmal ein Geschenk für alle, die mit Einfalt wenig im Sinn haben. Und dieses bunte urbane Nebeneinander, Ineinander, Durcheinander und Miteinander hat in Wien seit Jahrhunderten Tradition. Darum gebührt der CD aus der Darwingasse auch der Ehrentitel „Fleckerlteppich".

Ganz abgesehen davon kann Otto Lechner mit einem dermaßen undisziplinierten Textil in jeder Hinsicht mehr anfangen als mit strammer Auslegeware. Darum wohnt er ja auch so gerne im zweiten Bezirk und darum hat er sich eines Tages als stimmenlos gewählter Bürgermeister der mit Fleckerlteppichen beflaggten

Augartenstadt wiedergefunden. „Geben Sie mir nicht Ihre Stimme", rief er den erwartungsvoll raunenden Bürgerinnen und Bürgern zu, „enthalten Sie sich nicht Ihrer Stimme, nein, geben Sie sie nicht ab, sondern behalten Sie Ihre Stimme zum Reden, zum Schreien und zum Singen, und singen Sie mit mir noch einmal unsere provisorische Hymne, das schöne Lied ‚Seemann, lass das Träumen', denn Sie wissen ja: Wer die Ferne nicht schätzt, ist auch in der Nähe nicht zu brauchen."

Als dann in einer weiteren Phase der bürgermeisterlichen Amtsgeschäfte auch noch bürokratische Ordnung – oder Unordnung – ins Spiel kam, zögerte Otto Lechner nicht, Magistratsabteilungen zu genehmigen, zu dulden, aber nicht zu genehmigen, oder auch nicht zu genehmigen und nicht zu dulden. Freudig begrüßte er jedenfalls die MA für Raum und Traum, noch freudiger die MA zur Verzögerung der Zeit, mit dem ehrgeizigen Projekt der Einführung einer Siesta in der Augartenstadt.

Viele furiose Bürgermeisterreden folgten, allesamt mit dem Ziel, dem Augarten, der Häuserherde ringsum und allem Lebendigen darin noch mehr Flecklerteppichhaftigkeit zu verleihen. Nicht einmal seine bombastisch mit vierzig Rücktrittsgründen geschmückte Abdankungsrede entband Otto Lechner seiner Würden und Pflichten. Auch als Altbürgermeister ist er dazu angehalten, es vorbildlich bunt zu treiben. Aber das sollte ja kein Problem für einen sein, der ohnehin nicht anders kann. Und das hat – um endlich auf ein wirklich wichtiges Thema zu kommen – natürlich mit Musik zu tun. Und mit Kafka. Und mit Anne Bennent. Aber eins nach dem anderen.

Gansbach im Dunkelsteiner Wald verweist stolz auf ein Gemälde, das der berühmte Kremser Schmidt für einen Nebenaltar der Pfarrkirche geschaffen hat. Otto Lechner, in Gansbach zur Welt gekommen, wird wohl davon gehört haben. Dass ihm, zunehmend sehbehindert und bald ganz erblindet, die optische Wahrnehmung des Kunstwerks verwehrt blieb, kränkte ihn we-

nig. Aber dass er beim Fuß-
ballspielen nicht mitmachen
konnte, war gemein. Immerhin
fand er sich in der vertrau-
ten Gegend ganz gut zurecht
und sogar das Radfahren hat
mit Hilfe von Freunden einigermaßen funktioniert. Dennoch musste der Knabe Otto
mit einem Übermaß an Zeit
zurechtkommen, war viel allein und darauf angewiesen,
mit sich selbst etwas anzufangen. Das Radio half ihm dabei,
Stimmen, Klänge, Melodien
und Geschichten in sich hinein zu holen, und eine kleine
Ziehharmonika lag angenehm

zwanglos zum Spielen, Ausprobieren und Experimentieren bereit. Dazu kam noch die Möglichkeit, mit der Sendereinstellung
des Radios leichthin, spielerisch und neugierig zwischen Pro-
grammen und Musikstilen zu wechseln, oder auf Mittelwelle und
Kurzwelle akustische Fernreisen zu unternehmen. So fing es an
mit jenem ungeniert tönenden Weltbürgertum Otto Lechners,
das uns heute mit ordnungswidrigen Grenzübergängen erfreut,
mit friedliebenden Scharmützeln, energischen Kurzschlüssen
und harmonischen Gegensätzen. Damals in Gansbach wuchs die
Welt der Musik in Ottos Kopf zwar munter über sich hinaus, aber
der kindliche Musikant hielt sich lieber an Bewährtes und Be-
gehrtes. So verschaffte er sich immerhin Gehör in den Wirtsstu-
ben. Vorbei die Zeit, als er unter Gleichaltrigen um Anerkennung
kämpfen musste. Jetzt spielte er Ziehharmonika und die Erwach-
senen sangen brav mit. Sein Instrument war auch ein Machtins-

trument. Musizierend rückte er vom Rand in die Mitte, und das fühlte sich schon sehr gut an. Noch keine zwölf Jahre alt, wurde er dann auch noch berühmt, nicht sehr, aber doch. Damals hatte er schon sein Instrumentarium erweitert und begleitete Hochzeiten mit einer kleinen Orgel. Also war eines Tages in der „Melker Zeitung" von ihm zu lesen, als einem „Heintje aus Gansbach". Der fragwürdige Ruhm war bald vergessen und hinterließ keine bleibenden Schäden.

Auf das lustige Musikantenleben in den Wirtshäusern folgte dann ein nicht annähernd so freudvolles Dasein als Schüler im Melker Stiftsgymnasium. Doch Otto Lechner konnte sich auch dort ganz gut behaupten. Musikalisch entwickelte er sich weiter, fand zu sich selbst, spielte sich frei. Natürlich entging es ihm nicht, dass zwei Jahrgänge über ihm ein schon damals wenig angepasster Mensch auffallend kreativ sein Wesen trieb, Josef Ha-

der, nach eigenen Angaben als Chorsänger, Mesner, Organist und Bettnässer bemerkenswert. Auch kabarettistische Versuche gab es damals schon. Es konnte also kaum anders kommen: Otto Lechner und Josef Hader standen bald gemeinsam auf den Wiener Kleinbühnen. Nicht minder zwingend vorgegeben war das Ende ihrer künstlerischen Zweisamkeit. Aus dem Duo Hader–Lechner war allmählich ein Solo mit Musikbegleitung geworden, und das konnte einem jungen Künstler am Anfang seines Weges nicht genügen. Aber diese frühen Bühnenerfahrungen mündeten in eine bis heute intensiv gelebte Nähe zum Theater, zum gesprochenen Wort.

Und Franz Kafka hat es ihm seit jeher angetan, das Tiefe, das Einsame, das unvermutet aufflackernde Gelächter. Otto Lechner findet sich wieder in solchen Texten, mag ihre Unbestimmtheit, so, wie er es auch in der Musik schätzt, wenn sie nicht eindeutig auf etwas zielt, wenn es um gebrochene Stimmungen geht, eine beständige Ungewissheit: sich nie sicher sein, sich nie hineinfallen lassen in ein Gefühl, wissen, das alles jederzeit umschlagen kann. Das war ihm schon als Kind vertraut, in einer ländlichen, geordneten, für alle wirklichen Welt, die nur für ihn nicht wirklich war, kaum mehr als eine vage Vermutung.

Als er für ein Hörbuch Franz Kafkas einziges Bühnenstück „Der Gruftwächter" musikalisch gestaltete, wählte er das Adagio aus Haydns Kaiserquartett. Die Melodie wird durch ein meist schwer atmendes Akkordeon ersetzt, das den Begleitstimmen kaum noch folgen kann, die auch den Versuch, neue Melodien zu finden, in ihre Logik zwingen. Kafka und Lechner bitten zum Tanz der Worte. Anne Bennent und Hans Neuenfels haben dieses Textfragment gelesen. Mit Ersterer lebt Otto Lechner zusammen und Letzterer ist ein wenig schuld daran, weil er bei einem Verlagsfest Regie führte, das Anne Bennent ein schlechtes Gedicht vortragen ließ. Otto Lechner war auch da, obwohl er keine Lust hatte, bei diesem Fest zu spielen. Andererseits war ihm auch kei-

ne glaubwürdige Ausrede eingefallen. Er tat also unwillig seine Pflicht, flüchtete in der Pause und hatte noch lange damit zu tun, seine üble Laune loszuwerden. Doch tags darauf rief Anne Bennent an und fragte, ob er nicht gemeinsam mit ihr Christa Wolfs „Kassandra" für die Bühne adaptieren wolle. Es blieb bekanntermaßen nicht bei diesem gemeinsamen Tun. So leben die beiden denn in Wien und in Gars am Kamp, oder sie fahren fort, irgendwo hin, nirgendwo hin eigentlich. Die Zutaten einer solche Reise sind denkbar einfach: Neulich waren es ein alter Mercedes, viel Andalusien und noch mehr Zeit. Es gibt keine Vorgaben. Das Leben möge stattfinden, unterwegs.

So mag es Otto Lechner in jeder Hinsicht. Das Akkordeon schätzt er mehr denn je, altmodisch, praktisch und vielseitig wie es ist, im Solo wie auch im Ensemble. Und dieses Instrument gewährt viel Freiheit, der Klang atmet. Ist die Taste gedrückt, gibt

es sehr viele Möglichkeiten, den Ton zu gestalten. Otto Lechner schöpft diese Möglichkeiten aus wie kaum ein anderer. Das entspricht auch seiner Freude an der Improvisation, an Übergängen von Komposition und Improvisation, lebendigen Wechselwirkungen und spontanem Komponieren. „Das Instrument ist meine Wildnis", hat er einmal gesagt, „und beim Spielen gehe ich ganz bewusst Risiken ein. Da lass ich dann meine Hand ganz bewusst aus einem halben Meter auf die Tastatur niedersausen. Und mit dem, was kommt, muss ich was anfangen. Da gibt es kein Zurück mehr." Jedenfalls wissen Künstler aus aller Welt sehr viel mit Otto Lechner anzufangen, und gemeinsam mit ihnen webt der Akkordeon-Spieler weiter an seinem musikalischen Fleckerlteppich. Sein Publikum folgt ihm, zuweilen verwirrt, aber immer glücklich, überall hin.

Zufriedenheit, Grund zur Freude? Ja doch. „Bis jetzt ist alles

besser geworden, ich bin immer sicherer geworden, ich muss nicht mehr die Musik dazu benutzen, um mich zu integrieren."

Aber der Zukunft ist nur bedingt zu trauen. Darum bricht Otto Lechner auch nach höchst erfreulichen Erfolgen in recht verhaltenen Jubel aus.

„Wie's weitergeht, weiß man nicht, aber die Tour war gut." Oder, um's mit Otto Grünmandl zu sagen:

„Höret, was Erfahrung spricht:

hier ist's so wie anderswo.

Nichts Genaues weiß man nicht.

Dieses aber ebenso."

Martha Labil

Martha Labil
Die Pappelschneekönigin

Pappelschnee ist jener Schnee, der den Sommer ankündigt. Der Wind trägt die mit weißem Flaum umhüllten Samen übers Land, lässt sie zu Boden sinken, wo und wie es sich fügt. Unregulierter Samenflug? Da schlagen Schlagzeilen zu: „Pappelschnee stört Lackierer", oder „Betriebe verärgert". Martha Labil denkt bei Pappelschnee nicht an gestörte Produktivität. Sie träumt sich in ihre Kinderzeit, immer einmal im Jahr schwebendes Weiß, das sich in ihren Haaren verfangen hat. Schnee von gestern? Da war doch neulich diese Wiese am Kaiserwasser, das frische Grün frisch weiß gesprenkelt. Und Martha Laschkolnig, die sich auch Martha Labil nennt, wollte wieder spielen, anders spielen, erwachsener spielen, gestalten auch, aber zielstrebig, hartnäckig und zufrieden in sich selbst verloren wie damals. Es ist dann ein Pappelschneewiesenbild geworden, ein Pappelschneeköniginnenbild mit nicht ganz echtem Feenzauber und flüchtig ewiglicher Bekrönung, eine leichthin an den Traum verlorene Begehrlichkeit, der Wirklichkeit gestohlen, der Wirklichkeit geschenkt.

So ist sie eben, die Martha Labil. Sie macht aus allem was und alles macht etwas aus ihr. So gesehen treibt sie's mit der Kunst, mit dem Ergebnis von Übung, Wahrnehmung, Vorstellung und Intuition. Andererseits gehört sie zum fahrenden Volk, zu den

Gauklern, den Clowns, den Artisten, aber nicht wirklich, weil ihr Zugehörigkeiten aller Art bald einmal zu eng werden, wenn's verdächtig nach Gruppenzwang riecht. Geht es aber um Gemeinschaft, ist sie gerne dabei. Sie ist offen für ihr Publikum, vorausgesetzt, ihr Publikum ist offen für sie. Und Martha Labil macht Fenster und Türen zu, wenn der Wind der Banalität ums Haus weht. Eigentlich ist es ganz einfach: Sie stellt Kulissen in die Welt, nimmt die Welt als Kulisse, spielt auf allen ihren Bühnen die Haupt-

rolle nebst sämtlichen Nebenrollen, und im Souffleurkasten sitzt sie auch. Dann geht sie nach Hause und denkt darüber nach, was ihr noch alles zuzutrauen wäre. Alles? Irgendwie zu wenig …

Mit zu wenig kennt sie sich aus, hat schon als Kind damit gelebt, als eines von sieben Kindern. Als Mangel hat sie das nie empfunden, weil ihre Mutter die Kunst beherrschte, aus nichts viel zu machen. So war das eben, und es war gut so. Es gehörte zu ihrem Leben, dass sie unter vielen Geschwistern mitunter auch so etwas wie Einsamkeit verspürte, sich aber stets in bester Gesellschaft geborgen wusste, wenn sie allein auf der Donaulände spielte. Und die vielen Geschichten, die ihre älteste Schwester zu jedem Thema zu erzählen wusste, nahm sie vergnügt und dankbar auf, erzählte sie für sich neu, mit eigenen Farben und Konturen, suchte sich Träume aus, die zu ihr passten, die sie weiterspinnen konnte. Eine unbändige Neugier auf alles und ein eigenständiger,

eigenwilliger Umgang mit Erfahrenem und Erlebtem ergaben zusammen alles andere als ein braves, angepasstes Kind. Dermaßen ungebärdiger Lerneifer mochte sich nicht so recht in eine Gruppe fügen, nicht einmal in der Waldorfschule. Marthas Lernerfolg wurzelte in Böden, die nicht dafür vorgesehen waren, wucherte in jede erdenkliche Richtung, nur nicht in die pädagogisch gewollte, und störte das ordentliche Wachstum ringsum. Martha war eine anstrengende Schülerin und dabei blieb es, als sie mit neun nach Kärnten zog, wo ihre Mutter in einer Werk- und Wohnstätte für behinderte Erwachsene arbeitete. Dieses neue Leben passte durchaus in Marthas Welt, in der schon immer alles willkommen war und Raum fand. Weit weniger konnten ihr manche Mitarbeiter gefallen, die offenbar Betreuung mit Aufsicht verwechselten. Und die Waldorfschule in Klagenfurt … Wieder einmal ließ Martha nicht mit sich spielen. Um endlich in der Gruppe anzukommen, aufzufallen, wahrgenommen zu werden, spielte sie nach ihren eigenen Vorstellungen – und sie wollte auf ihre kleine Bühne, unüberhörbar und unübersehbar, auch angesichts verzweifelter Lehrer. Aber sie brachte ihr schulisches Leben so halbwegs gut zu Ende.

Ja, und wohin jetzt? Etwas Künstlerisches sollte es schon sein. Bühnenbildnerin vielleicht? Oder doch erst das Sammeln von Theatererfahrung? Das Schauspiel, eigentlich alles, auf dem das Etikett „brotlose Kunst" klebte …, irgendwie war der Gedanke daran befreiend. Also Hospitanz beim Linzer Landestheater. Doch die distanzlose Beobachtung des Bühnengeschehens endete mit einer nüchternen Erkenntnis: Der Menschheit Würde war diesen Mimen nicht in die Hand gegeben. Von Zeilen umzingelt, von Regisseuren regiert, ins Ensemble gezwängt, kauten sie lustlos an theatralischer Fertignahrung. Nein danke! Martha pfiff ungeniert auf das Getue, spielte sich auch hinter den Kulissen frech nach vorne und wurde des Platzes verwiesen. Also ganz etwas anderes, Landwirtschaft vielleicht oder, noch besser, kreatives Handwerk, um in Ruhe über ein Studium nachdenken zu können. Das Praktikum bei einem Klavierbauer kam da gerade recht, nur schade, dass des Meisters Mittel nicht für eine Lehre reichten. Dann eben gleich ein Studium: Malerei an der Akademie für Bildende Kunst, abgeschlossen mit Diplomarbeit. Die Tage waren also künstlerisch wertvoll

genutzt, die Nächte hingegen blieben frei. Und wieder einmal spielte Martha für sich allein, verwandelte Schuhschachteln in Bühnen, Träume in Konzepte, vergriff sich an Unfassbarem.

Als sie dann mit dem Studium fertig war, ertappte sie sich wenig überrascht bei der Erkenntnis, dass sie wohl nie mit irgendetwas fertig sein würde, fertig sein wollte. Na also! Damit war endlich ein Lebensweg gefunden, der sich durch profunde Unvernunft ebenso auszeichnete wie durch unverdrossenes

Grundvertrauen. Die Welt mochte sich noch so abweisend geben, letztlich blieb ihr nichts anderes übrig, als gefälligst offen zu stehen. Die Bühnenbretter mochten noch so bedeutend tun, letztlich waren sie da, um ihr zu Füßen zu liegen, und das Publikum, verwöhnt, hochnäsig und satt, wartete eigentlich nur darauf, endlich wieder einmal verführt zu werden, aber so richtig. Martha Laschkolnig zog also aus, um all dies Wirklichkeit werden zu lassen – nicht, um irgendwann ans ultimative Ziel zu kommen, sondern für viele Anfänge, für verpatzte, geglückte und solche, von denen sie sich noch mehr versprechen durfte.

Stete Veränderung, unbekümmert oder ungestüm den eigenen Vorstellungen folgend, entsprach durchaus ihren Vorstellungen von Beständigkeit. Darum ging es eigentlich immer und in allem: loslassen und sich halten können. Gelernt hat sie dabei viel, Menschen kennengelernt, manche auch lieben gelernt, und

jetzt endlich weiß sie, wo sie zuhause ist. Sie hat zwar eine kleine Wohnung in Wien und ein großes, sehr großes Atelier, die Regale bis unters Dach angefüllt mit Requisiten, Musikinstrumenten, Kostümen, Versatzstücken und Material für Ideen von morgen. Sie ist aber nur gerne hier, weil sie überall anders auch gerne ist. Fremd bleibt sie da und dort mehr oder weniger, vertraut mit der Fremde ist sie im Handumdrehen. Ihre unzähligen Koffer passen dazu, ambulante Fernwehheimaten, Wertlosigkeitsbehälter, bei Bedarf zu Schatz- und Wunderkammern ernannt. Nach und nach gewinnt auch ihr berufliches Selbstverständnis an Profil, wenigstens in der Abgrenzung. Der Clown in ihr ist kein Zirkusclown, Pausenclown schon gar nicht. Die Komödiantin passt nicht ins Lustspieltheater, auch nicht ins Kabarett, und die Artistin fände es langweilig, nur Kunststücke herzuzeigen. Anders gesagt: Martha Labil spielt, spielt mit sich, spielt mit dem Publikum, mit der Wirklichkeit, mit der Welt dahinter. Und kein Spiel ist wie das andere.

Damit sind wir wieder beim Koffer. Scheinbar Banales passt hinein, Erschreckendes, Verblüffendes, Groteskes, Komisches. Und Martha Labil passt hinein. „Die Martha im Koffer" ist ein Spiel mit ungewissen Anfängen und Enden, einer Figur gewidmet, die immer neue Geschichten hervorbringt, an denen sie seit gut vier Jahren arbeitet. Und sie wird weiter daran arbeiten, na klar. Angefangen hat es wie immer: ohne Konstrukt, aber mit einer Vorstellung, die Substanz gibt, aber alles offen lässt. Nur keine Hast, kein Drängen, nur beharrliches Suchen, Tasten nach jenem Punkt, der ein Ausgangspunkt sein kann. Es finden sich Wege, es findet sich der beste Weg, gesäumt von immer wieder neuen Bildern. Hauptsache, alles kommt ins Gleichgewicht, bleibt in der Schwebe. Dann darf schon einmal die Probe vor dem Publikum kommen, die Wechselwirkung zwischen der Geschichte, die sich auf der Bühne ereignet, und jener Geschichte, die in den Köpfen ankommt. Die Martha im Koffer ist vor allem, wenn auch nicht nur, für Kinder da, und Kinder haben die viel geräumigeren Köpfe, noch nicht verstellt und vollgeräumt mit Schrott und Plunder.

Aber es waren dann doch auch Erwachsene unter den Zuschauern, verdächtig versierte Erwachsene: erst einmal österreichische Fachleute, die nach Preiswürdigem Ausschau hielten, gefolgt von ihren internationalen Kolleginnen und Kollegen Mar-

tina van Boxen (Junges Schauspielhaus Bochum), Sandra Hoffmann (Elbphilharmonie Hamburg) und Kay Wuschek (Theater
an der Parkaue). Dieses kreative Triumvirat ballte sich zur Jury
und beschloss, den „Stella12" in der Kategorie „Herausragende
Produktion für Kinder" an „Die Martha im Koffer" von Martha
Laschkolnig zu vergeben. Das war schon was! Und dann noch die
Begründung …

„Ausgezeichnet wird eine Produktion, die durch ihren Eigen-
sinn besticht, nicht durch Perfektion. Ausgezeichnet wird eine
Inszenierung, die durch ihre Wachheit gegenüber dem Publikum
und einen zugleich ernsthaften wie heiteren spielerischen Umgang mit ihm überzeugt. Die internationale Jury sieht in der viel-
fältigen Kreativität dieser Arbeit ein Potenzial, welches neugierig
macht auf kommende Produktionen. Hier bleibt eine Künstlerin
sich treu und versteht ein Publikum jeden Alters zu überraschen,

zu irritieren und auf ganz besondere Weise zu unterhalten. Der Stella12 in der Kategorie ‚Herausragende Produktion für Kinder‘ geht an ‚Die Martha im Koffer‘ von Martha Laschkolnig."

Da lehnt sie sich also satt und zufrieden zurück, die Martha Laschkolnig, die Martha Labil, gerührt und glücklich, weil sie so durch und durch verstanden wurde, und sie träumt erstmals von einer beschaulichen Zukunft oder so. Doch die kommt nicht. Natürlich geht es weiter, und zwar drunter und drüber, konsequent der eigenen Nase nach: „Die Martha im Koffer" will sie noch lange immer wieder neu und anders erzählen, einfache Theaterstücke durchgestalten, auch wenn gerade das sehr kompliziert sein kann, an die Grenzen gehen, auch einmal schauen, ob's nicht über die Grenze geht, neugierig sein, etwas wagen, etwas mehr wagen, künstlerisch bleiben. Immerhin braucht sie jetzt einmal fürs Erste keinen Brotberuf mehr nebenbei. Damit bleibt der Arbeitsrhythmus ungestört, der Terminkalender frei für Spontanes. Und wie ist es, wenn einmal lange, allzu lange, kein Anruf kommt? Ob es zwischendurch nicht auch gefährlich schiefgehen kann? Und wie ist es mit der Angst?

„Angst kann nie schaden", sagt Martha Labil und fügt unfromm lächelnd hinzu: „Aber ich klettere immer nahe am Stamm."

Klaus Hoffmann

KLAUS HOFFMANN
Mann unter Dampf

Klaus Hoffmann hat was mit einer gewissen Lisl. Seiner Lebensgefährtin ist das nicht gar so recht, aber sie nimmt es irgendwie hin. Männer sind eben Männer.

Außerdem ist es eine alte Geschichte, die in den Jahren 1912 und 1913 begann. Damals wurde Rapid Wien der erste österreichische Fußballmeister, Graf Zeppelin huldigte Kaiser Franz Joseph mit einer Flugvorführung, östlich von Wien wurde Erdöl gefunden und die Donaudampfschifffahrtsgesellschaft ließ in ihrer Budapester Werft die drei letzten Schaufelraddampfer für die Personenbeförderung bauen, die „Schönbrunn", die „Wien" und die „Budapest".

Als Klaus Hoffmann 1950 zur Welt kam, musste die Zweite Republik mit einer Rad fahrenden Hoheit, dem Glockner-König Richard Menapace, vorlieb nehmen, die Massen streikten, im Apollo-Kino hatte „Der dritte Mann" Premiere und die „Schönbrunn", in beiden Weltkriegen Lazarettschiff gewesen, dümpelte einer ungewissen Zukunft entgegen: Die DDSG stand noch immer unter sowjetischer Verwaltung.

45 Jahre später näherte sich Klaus Hoffmann, zum Ingenieur geworden, nach einem halben Jahr Werftpraxis dem Donauufer, betrat die „Schönbrunn", stieg die steile Leiter in den Maschinen-

raum hinunter, sog den Geruch von Schmieröl und Ruß durch die Nase, schaute sich lange und bedächtig um und wusste: Er und die Lisl waren füreinander bestimmt. Seit damals sind die Dampfmaschine im Schiffsbauch und ihr Techniker kaum noch voneinander getrennt. Na ja, ein Jahr Entsagung gab es dann doch, aber Lisl, die so unwiderstehlich schräg liegende Heißdampf-Compoundmaschine, war stärker. Das mochte natürlich auch in jener besonderen Hinwendung zu Schiffen begründet sein, die Klaus Hoffmann schon als Bub antrieb. Ihn interessierten, ach was, faszinierten Wasserfahrzeuge, die fernab von Straßen oder Geleisen ihren nassen Weg suchten, sich mit der Kraft des Windes verbündeten oder mit Feuer und Dampf gebändigte Urgewalten in ihren Dienst zwangen. Diese unwirsch stampfenden und rauchenden Kolosse hatten auch etwas von der schwerfälligen Melancholie einer vergehenden Epoche an sich. Modern waren Dampfschiffe offenbar nicht. Doch modern hatte man zu sein, im eben erst anbrechenden Wirtschaftswunder. Immerhin brachte diese Zeit auch die ersten Urlaubsreisen ans Meer mit sich. Und vor der Küste Jugoslawiens sah es wieder ganz danach aus, als wäre die gute alte Zeit einer begreifbaren, erlebbaren Technik noch lange nicht zu Ende: Dampfschiffe verkehrten unverdrossen zwischen den Inseln und der Knabe Klaus fand immer wieder

Gelegenheiten, durch das Oberlicht in den Maschinenraum zu spähen. Dort unten aber war's fürchterlich, schön fürchterlich. Schaufel um Schaufel fütterten unerschrockene Männer den rot glühenden, düster flackernden Höllenschlund; andere geboten ruhig, erfahren und ihrer Macht bewusst, mit Rädern, Hebeln und geheimnisvollen Instrumenten über das gefesselte Ungeheuer, das mit wütender Kraft Wellen, ölig glänzende Schubstangen und Hebel bewegte. Oben im Licht stand der Kapitän, war reinlich gekleidet und schaute wissend in die Weite. Unten aber, in der pochenden, polternden, zischenden Tiefe herrschte der Maschinist, er sorgte für jene Kraft, die alles vorantrieb und ohne die der stolzeste Kapitän eine hilflose Marionette wäre.

Jahre später hatte die Technik ausgedampft. Doch es gab einen Tag der historischen Schiffe und Klaus Hoffmann wusste fortan, wem sein Herz gehörte: nicht diesen neumodischen schwim-

menden Jogurtbechern, außen glatt und innen amorph, sondern Schiffen, die keinen Hehl aus ihrer langen Geschichte machten und deren Maschinen den Rhythmus der technischen Revolution schlugen, statt beiläufig evolutionär ihren Dienst zu tun. Ja, und dann kam eben eine Dampfmaschine namens Lisl in sein Leben.

Die Vorgeschichte dieser schicksalhaften Begegnung wirkt wie ein Konzentrat österreichischer Geschichte des 20. Jahrhunderts. Als die „Schönbrunn" gebaut wurde, waren Ende und Aufbruch seltsam dicht ineinander verwoben, wirkten dramatisch aufeinander ein. Das feudale Österreich der Jahrhundertwende hatte wirtschaftliche Umwälzungen und die neue Welt der Technik allzu lange verschlafen, schritt penibel verwaltet und verknöchert regiert dem baldigen Ende entgegen. Die Donaudampfschifffahrtsgesellschaft war bis 1880 die größte Binnenreederei der Welt gewesen. Am Vorabend der verdämmernden Monarchie waren die eigenen Schiffswerften ausgelastet, über zweihundert Dampfschiffe und an die tausend Güterkähne befuhren unter ihrer Flagge die Donau. Ein Jahr nach der Fertigstellung der „Schönbrunn" krachten in Sarajevo tödliche Schüsse. Die „Schönbrunn" tat Kriegsdienst, fand sich im erschreckend geschrumpften und verarmten Österreich der Ersten Republik wieder, wurde großdeutsch, wurde russisch und bekam schon ein Jahr vor dem Staatsvertrag eine Verjüngungskur verpasst: die noch heute bestehenden Aluminiumaufbauten und im Inneren zwei mit Schweröl befeuerte Flammrohrkessel.

Beste Voraussetzungen für eine betulich dampfende Zukunft als Ausflugsschiff – wären nicht die unerbittlich steigenden Personalkosten gewesen. Auch ein modernisiertes Schiff dieser Art braucht viele Hände und Köpfe, um zu funktionieren: Heizer, Maschinisten, Kapitän, Steuermann, Matrosen … Die noch heute gültigen Sicherheitsbestimmungen illustrieren das komplizierte Zusammenspiel der gesamten Mannschaft. Hier am Beispiel „Mann über Bord": Lange Horntöne und Durchsagen rufen den Kapitän ans Ruder. Er hat jetzt den Oberbefehl, steht im Ruderhaus am Steuer, übernimmt die Information der Fahrgäste. Im Maschinenraum werden in exakter Reihenfolge möglichst rasch die notwendigen Bedienungsschritte durchgeführt, die Kesselanlage wird überwacht. An Bord koordinieren die Zillenführer das Manöver. Die Rettungszille wird mit ihrer Besatzung zu Wasser gelassen. In der Sanitätskabine wird Vorsorge getroffen. Nach der Rettung bricht im Bauch des Schiffes noch einmal Hektik aus: Es geht erneut um das komplizierte Umsteuern der Dampfmaschine. Erst dann kann der Kapitän die Fahrt fortsetzen. Übrigens: Natürlich wird dieses Manöver für den Ernstfall auch regelmäßig geübt. Kostet Zeit und Geld, das alles …

Erst musste der Liniendienst eingestellt werden. Aber die „Schönbrunn" wurde noch einmal umgebaut, richtig veredelt sogar. Elegante Salons und eine verglaste Veranda am Heck sollten

die Ästhetik und den Zeitgeist des fin de siècle aufleben lassen. Aber auch die neue Bestimmung als nobles Quartier für Nostalgiefahrten rechnete sich nicht. Es folgte ein Ende auf Raten. 1988 wurde die „Schönbrunn" außer Dienst gestellt. Als sie im Jahr darauf an den Ort ihrer Entstehung, nach Budapest, zurückkehrte, war Europa endlich wieder dabei, die Grenzen zu öffnen. Aber die neue Identität der „Schönbrunn" war von trügerischer Eleganz: Als fest vertäutes Casinoschiff ohne Kapitän und ohne Maschinisten verlor sie schließlich auch noch die Kraft, sich zu bewegen. Einmal nahm die „Schönbrunn" aber doch noch Fahrt auf: am Schlepptau eines Zugschiffes. In Engelhartszell wurde sie für die Oberösterreichische Landesausstellung gebraucht. Und dann? Ein trauriger Rest, den niemand haben wollte, reif für den Schrottplatz.

Es gab aber auch Menschen, denen viel daran lag, dieses schwimmende Denkmal österreichischer Donauschifffahrtstradition zu bewahren. Verbindungen wurden geknüpft, Kontakte wurden genutzt, der Amtsschimmel dazu überredet, freudig wiehernd zu traben – und flugs war aus dem ungeliebten Objekt ein unantastbares Kulturdenkmal geworden. Auch ein Prinz war zur Stelle, die Österreichische Gesellschaft für Eisenbahngeschichte, die ungeachtet ihres Namens bereit war, die schlafende Schönheit wach zu küssen. Das Brautgeld – ein Schilling plus zwanzig Groschen Mehrwertsteuer – war leichter Hand gegeben, doch der Kuss sollte Jahre brauchen, viele, arbeitsreiche Jahre, um endlich erfolgreich zu sein. Ing. Klaus Hoffmann wurde damals eingeladen, nach Kräften mitzuküssen, und er sagte gerne zu.

Da stand er dann vor einer Lisl, die sich jede nur denkbare Mühe gab, für ihn rätselhaft zu bleiben: ein erschreckendes Gewirr von Röhren und Röhrchen, ein vorerst undurchschaubares Wechselspiel von Ursache und Wirkung, von Bewegung und

Stillstand, dienstbarer Technik und perfider Komplexität. Aber Klaus Hoffman hält ohnehin nichts von schnellen Lösungen und ungeduldig erzwungener Klarheit. Dem gelernten Arbeitstechniker ist es viel wichtiger, sich allmählich hineinzufinden, nach und nach Funktionsabläufe zu begreifen. Eine Betriebsanleitung oder sonstige technische Unterlagen gab es nicht, wohl aber den guten, sachkundigen Rat älterer Mitarbeiter der DDSG. Als Klaus Hoffmann dann so ungefähr wusste, wohin die Reise gehen konnte, gab's gleich einmal einen gelinden Schock: Eine Kesselreparatur war dringend vonnöten, und die musste unter anderem an

einen Fachbetrieb für Schweißarbeiten vergeben werden. Gottlob fand sich eine relativ preiswerte Lösung, wie sich eigentlich alles so fand, für ihn und alle anderen, die an die fünf Jahre lang an die 20.000 Arbeitsstunden leisteten – um Gotteslohn, versteht sich.

Was für ein schöner Tag: Am 17. Oktober 2000 konnte die „Schönbrunn" ihre erste Fahrt nach zwölf Jahren betrüblichen Stillstands aufnehmen. Seitdem darf es als sicher gelten, dass dieses Schiff und die Donau eine gemeinsame Zukunft haben. Und noch immer treibt sie jene Kraft an, die ihr 1912 in Budapest gegeben wurde, noch immer wühlen sich die je acht Schaufeln in den beiden Seitenrädern durchs Wasser. Und die Herren Morgan und Galloway haben posthum ihre Freude daran, weil dies dank ihres Patentes exakt senkrecht zur Wasseroberfläche geschieht. Von April bis Ende August hält der Kapitän für seine Gäste Kurs, steuert der Maschinist die Maschine, versorgt Schiebestangen und Kolbenstangen, Drosselheber und Zylinderkurbeln mit Heißöl …

Es gibt übrigens auch noch die kleinere Rudermaschine, die dem Steuermann die Arbeit mit Dampfkraft erleichtert. Geschieht das einmal nicht, hilft nur noch die Hebelkraft des drei Meter großen Ruderrades.

Kommt dann der Herbst, will der Maschinist erst einmal ein paar Wochen nichts von der sorgsam entleerten Maschine wissen, betrügt sie mit der Modelleisenbahn oder dem Motorrad. Doch bald sind die zwei ja doch wieder zusammen, er und die Lisl. Zu reparieren gibt's ja immer was und Vorsorge zu treffen für eine gute Ruhe und ein energisches Aufwachen im Frühling.

Josef Fuchs

Josef Fuchs
Der Grenzgänger

Es kommt eben, wie es kommt. Manches muss wohl so kommen, anderes möchte so kommen, und alles findet sich nach und nach zusammen, wenn man es ruhig zulässt, bedächtig und vergnügten Sinnes.

Was werden soll, braucht Wurzeln. Durch die Kinderwelt von Josef Fuchs fließt die Donau bei Albern. Mit ausgefransten Rändern verliert sich dort die Stadt im ebenen Land ringsum, die Metropole schaut nicht mehr darauf, wie sie ausschaut, trägt ihren grauen Arbeitskittel oder auch irgendwas, je nach Unlust, Lust, Zwang oder Laune. Industriebauten, der Hafen, Speicher, Auwälder, Uferwiesen, Beton, ins Niemandsland gestreut, Fischerhütten, heiter und elegisch bewohnt und bespielt von aus der Zeit

gefallenen Pionieren im ereignislos wilden Osten. Dann und wann wird es der Donau allerdings zu eng in ihrem Bett. Dann lässt sie verdrießlich die Ufer unter sich, macht sich breit und kommt schon auch einmal ungebeten in

die gute Stube der auf hilflose Stelzen gestellten Häuschen. Doch wer hier seinen Platz gefunden hat, denkt nicht daran, der nassen Übermacht zu weichen. Schon im Mittelalter gab es Albern als Fischerdorf, immer wieder überschwemmt, zweimal zur Gänze zerstört. Und als 2013 das Hochwasser die Fischer in ihrem kleinen Dorf auf der Mannswörther Insel das Fürchten lehrte, vertauschten sie für den Rest des Jahres Angeln und Netze eben mit Schaufeln, Krampen und Schubkarren.

Eine sündhafte Unschuld liegt über dieser Uferlandschaft, von der Stadt nach Belieben und Bedarf genommen, Freiraum für Wanderer und Radfahrer, eine sehr private, versteckte Welt für jene, die hier behaust sind – und dereinst ein Abenteuerspielplatz erster Güte für das Kind Josef Fuchs. Natürlich war es ihm streng verboten, in den Auwäldern oder gar am Wasser zu spielen, darum war es ja auch so spannend. Der Großvater, auch ein Josef, hatte überdies wenig Zeit, auf seinen Enkel zu achten, wenn sich die beiden in Albern aufhielten. Es gab nämlich viel zu tun für ihn im Friedhof. So gehörte ein kleines Gräberfeld, umgeben von Wällen und Mauern, die es vor Hochwasser schützen sollten, mit beiläufiger Selbstverständlichkeit auch in die Kinderwelt des kleinen Josef. Auch klar: Das war kein Friedhof wie andere. Viele Kreuze trugen keinen Namen und erinnerten an Menschen, die in der Donau ertrunken waren. Und weil niemand für sie zuständig war, musste eben jemand für sie sorgen, ihnen wenigstens die letzte Ehre erweisen. Das tat der Großvater als Totengräber, solange es hier noch Bestattungen gab, später als Verwalter, Pfleger und Gestalter dieses Friedhofs zwischen Getreidesilos und dem Wirtshaus „Zum Friedhof der Namenlosen". Schon traurig, dieser letzte Wohnort der Unglückseligen, für die Familie Fuchs aber auch vertraut, fast familiär.

Viele Jahre später, als der Großvater sehr alt geworden war, wusste sein Enkel längst viel mehr, verstand, wie sehr dieser

Mann mit seinen Toten und ihrem bescheidenen Reich verbunden war. In einer Radiosendung hatte er von den Wasserleichen erzählt, die hier, bei Stromkilometer 1918,3, durch einen Wasserstrudel an Land getrieben wurden. Er ging mit diesen geschundenen, übelriechenden, auch ihrer kenntlichen Gestalt entblößten Körpern mit unerschütterlicher Gelassenheit um, legte sie in die Erde und häufte Grabhügel auf. Er hatte eine Tischlerei gefunden, die kostenlos Holzsärge zur Verfügung stellte, errichtete eiserne Kreuze mit weißen Christusfiguren darauf. Natürlich versuchte er auch, den Toten ihre Namen zurückzugeben, durchforschte penibel Abgängigkeitsanzeigen und Beschreibungen von Menschen, die ihren Selbstmord angekündigt hatten. Damit war der Friedhof der Namenlosen zu einer sorgsam betreuten, zutiefst wienerischen Einrichtung geworden, auch zum Ausflugsziel, verträumt und sachte morbid.

Das war nicht immer so gewesen. Schon im Jahr 1840 wurde am Alberner Donauufer die erste Wasserleiche beigesetzt. Bald darauf wurde ein Friedhof angelegt und wenige Jahre später erweitert. Er war von Büschen umgeben und es gab ein hölzernes Leichenhaus. Amtsdeutsch las sich das so: „Leichenhof für Verunglückte, das sind in der Donau Ertrunkene, deren Leichen fast regelmäßig am Sauhaufen oder in dessen Nähe vom Wasser ausgeworfen werden." Die Toten wurden ohne besondere Umstände, auch ohne Pfarrer, versteht sich, in Abständen von einem Meter unter die Erde gebracht. Aber sie blieben vielfach nicht dort. Immer wieder gab es Überschwemmungen, und das ungestüm strömende Wasser legte Leichen frei. So kam es, dass der Friedhof aufgelassen wurde. Der Plan, die Toten zu exhumieren, um sie anderswo wieder zu bestatten, wurde fallengelassen. Auwald überwucherte den alten Totenacker. In jüngster Vergangenheit wurde dieses Gebiet gerodet und planiert. So bleibt die Erinnerung an 478 dunkle Schicksale unter einer neu definierten Nutzfläche nachhaltig verborgen …

Aber im Jahr 1900 wurde auf einem Grundstück des Wiener Hafens neuerlich ein Friedhof der Namenlosen angelegt. Doch auch hier blieb die Ruhe der Toten nicht ungestört. Nach dem Ende des Ersten Weltkriegs, als es in Wien an allem fehlte, wurden die Holzkreuze geplündert, Särge ausgegraben. Vorübergehend musste der Friedhof stillgelegt werden. Und dann noch die schwärzeste aller Tragödien: Der Totengräber musste hier seinen eigenen Sohn Stefan Mollner zur letzten Ruhe betten, er hatte ihn im nahen Wald erhängt aufgefunden. Damals übernahm Josef Fuchs senior sein Amt. Nach und nach wurde aus einem verlorenen, verwunschenen Ort eine sorgsam betreute Ruhestätte. 1935 bekam der Friedhof verstärkte Schutzwälle und eine gemauerte Umfassung. Für Einsegnungen stand nun die von Kardinal Theodor Innitzer geweihte Auferstehungskapelle zur Verfügung. Der Altarstein stammt übrigens aus den Trümmern der ersten, die Donau überspannenden Reichsbrücke, welche den Namen „Kronprinz-Rudolf-Brücke" trug und die nach dessen Tod in Mayerling von den Wienern „Selbstmörderbrücke" genannt wurde. Es mangelt nicht an dunklen Bezügen im Friedhof der Namenlosen. Die zweite Reichsbrücke lag dann am ersten August 1976 in Trümmern, die dritte Reichsbrücke ist noch ganz.

Der junge Josef Fuchs ging indes seinen Weg: Schule, Beruf, Familie, drei Kinder. Andererseits blieb er dem Großvater und später seinen Eltern auch durch deren melancholische Wirkungsstätte am Donauufer verbunden. Doch dieser solchermaßen jenseitig geprägte Mann ist Techniker im Hauptberuf, wenn auch anfangs, bei den Entsorgungsbetrieben Simmering, mit einer gewissen Nähe zu letzten Dingen. So nebenbei registrierte er übrigens mit heiterem Interesse, dass der Wiener Klärschlamm besser brennt als Klärschlamm anderswo in der Welt. Das liegt am fetten Essen hierzulande …

Seinen Zweitberuf am stillen Donauufer, seine Liebhaberei, seine Berufung, was auch immer, nimmt er allerdings nicht minder wichtig. Nach und nach wurde er an der Seite seines Großvaters mit der Arbeit hier vertraut, mit den Gebäuden und Geräten, mit den Gräbern und den Geschichten, die sie erzählen oder verschweigen. 1986 wurde der Friedhof der Namenlosen endlich unter Denkmalschutz gestellt. Damit wurde ein besonderes Anliegen von Josef Fuchs senior endlich erfüllt. Ein Jahrzehnt später ist er dann, 90 Jahre alt, gestorben, allseits gemocht und geschätzt, mit dem Goldenen Verdienstkreuz der Stadt Wien ausgezeichnet. Schon einige Jahre zuvor hatte die nächste Generation wie selbstverständlich dessen Pflichten übernommen, und Josef Fuchs

junior half mit, so gut es seine Zeit erlaubte. Er freute sich mit seinen Eltern, als auch sie, in die Jahre gekommen, von der Stadt Wien geehrt wurden, und er wusste, was nun auf ihn zukam. Seitdem ist er in dritter Generation für den Friedhof der Namenlosen verantwortlich, ehrenamtlich, versteht sich, nur bei größeren Bauvorhaben vom Wiener Hafen unterstützt.

Es kommt eben, wie es kommt. Es ist ja schön und gesund an der frischen Luft, und sein Tun hat Sinn und Tiefe. Mit den Toten in den Gräbern ist er vertraut. Ihre Schicksale, soweit sie sich erahnen lassen, stimmen ihn nachdenklich, aber das ist eben so: Der Tod trifft jeden irgendwann, und jene unter den protzigen Marmorplatten liegen auch nicht besser – im Gegenteil: Es ist kein wirklich übler Platz in der Stille am Ufer, unter Bäumen. Seltsam … einer liegt sogar freiwillig hier: Isidor Bethe, Wirt im Gasthof zum Friedhof der Namenlosen. Friedhöfe und Gasthäu-

ser gehören in Wien nun einmal zusammen, und auch dort, wo die Leich' keine schöne Leich' war, gab es wohl den einen oder anderen Leichenschmaus.

Doch es gibt schon auch Gräber, die Josef Fuchs nach vielen Jahren noch immer ans Herz gehen: Kindergräber vor allem. Er zeigt auf eine Inschrift: Wilhelm Thön, ertrunken durch fremde Hand am 11. Juli 1905 im 11. Lebensjahr. Durch fremde Hand … ertränkt demnach.

Und dann die Geschichte von Maria Gettler, die ihren Tod in der Donau fand, und ihrem Sohn Josef, der so sehr um sie trauerte, dass er ihr nachfolgte. Jetzt haben die zwei ihre Gräber hier.

Ein anderes Grab ist ein trauriges Denkmal für das Ende einer nicht minder düsteren Tradition: Karl Leeb, BRD, ertrunken beim Bau des Hafens. Seit damals gibt es jenen Wasserwirbel nicht mehr, der Tote stranden ließ. Die wenigen Leichen, die noch geborgen werden, finden im Zentralfriedhof ihre letzte Ruhe. Damit bleibt die Zahl der schweigenden Bewohner im Reich von Josef Fuchs konstant: 102, immerhin 43 davon identifiziert.

Es geht beschaulich zu, das Jahr über, es sei denn, Vandalen machen sich wieder einmal in ungestörter Abgeschiedenheit an der Kapelle zu schaffen, oder das Hochwasser kommt und schwappt ja doch einmal über die Dämme. Im Juni 2013 geschah es so: die Gräber unter Wasser, Wasser in der Kapelle bis zur Höhe des Altartisches, dicht unter dem Bild der Mutter Gottes. Das Donauufer wurde zu einer nicht geplanten Großbaustelle für Josef Fuchs und alle anderen Menschen hier, Fischer vor allem. Aber im Herbst war die Welt am Fluss wieder in Ordnung, und dafür war es auch höchste Zeit. Am ersten Sonntag nach Allerseelen kam nämlich, wie schon seit Jahrzehnten, Leben in die kleine, jenseitige Welt: In berührenden Ansprachen wurde der Toten gedacht, der Arbeiter-Fischereiverband Albern legte einen Kranz nieder und setzte ein kleines, mit dem Modell eines Grabsteines geschmücktes Floß in der Mitte des Stromes ins Wasser. „Den Opfern der Donau" stand darauf zu lesen, und da war auch noch die in Deutsch, Tschechisch und Ungarisch abgefasste Bitte, das Floß weiterzustoßen, sollte es ans Ufer getrieben werden.

Wenig später war Josef Fuchs wieder allein mit seinem fast privaten Totenreich und dachte, mit ruhigem Fleiß seiner Arbeit nachgehend, an die Worte seiner Mutter: „Schau, das ist eben so. Andere haben einen Schrebergarten. Wir haben einen Friedhof."

Friedl Umschaid

Der Gedankenüberschussverwerter

In den frühen Neunzigerjahren des mittlerweile vergangenen Jahrhunderts war das Weinviertel noch immer eine melancholische Gegend. In den sanften Wogen des Hügellandes war die tote Grenze eine hässliche Narbe, in den gespenstisch stillen Dörfern sperrten die letzten Wirtshäuser zu, und der Wein machte das Leben auch nicht lustiger. In sich selbst verloren und an sich selbst verspielt lag diese wunschlose Weite unbeachtet am Rand. Gar nicht weit weg, gleich hinter den sieben Bergen, tobte der Zeitgeist. Aber im Weinviertel? Nichts. Andererseits: Wo aus allem immer rascher noch mehr wird, ist es bald einmal zu viel. Wo hingegen Stillstand und Bewegung einander zum Verwechseln ähnlich schauen, tun sich unendliche Freiräume auf. Bedächtige Revolutionäre, hintersinnige Tüftler, heimtückische Biedermänner, fromme Freigeister, Kreuz-und-quer-Denker, vertrackte Spurensucher, abseitige Weg-Weiser … Sie alle und alle anderen auch waren eingeladen, nicht nur in der tief stehenden Sonne lange Schatten zu werfen. Traurig, dass sich die meisten damals nicht einmal dazu aufraffen konnten. Aber es gab Ausnahmen. Einer von ihnen, Friedl Umschaid, war in Herrnbaumgarten zur Welt gekommen, einem Dorf etwa auf halbem Wege zwischen Paris und Kiew, aber doch sehr viel kleiner als die genannten Metro-

polen. Er wuchs heran, nicht sehr, aber einigermaßen, und weil damals nicht wenige aus dem Weinviertel in die Stadt flohen, beschloss er zu bleiben. Es entsprach eben nicht seinem Naturell, der Welt nachzulaufen. Sie sollte gefälligst zu ihm kommen.

Als Bauernsohn versuchte er es erst einmal mit Schweinen, machte auf halbem Wege kehrt und wurde Weinbauer. Allerdings wollte er es nicht zulassen, dass beschämend niedrige Preise und herzlose Händler sein an sich heiteres Gemüt verdüsterten. Also richtete er im geräumigen elterlichen Hof ein Heurigenlokal ein. Bald stellte sich heraus, dass Friedl Umschaid nicht nur ein gewitzter Weinbauer war, sondern auch ein Gastgeber von erstaunlicher Anziehungskraft. Ein gut besuchter Heuriger in einem Dorf, in dem fast alle anderen auch Weinbauern sind – das will schon was heißen. Und der Fremdenverkehr im Weinviertel war ja noch nicht wirklich erfunden. Schon damals kam auch ein weiterer, diesmal künstlerischer Aspekt seines labyrinthischen Gemüts an die Oberfläche. Friedl Umschaid zeichnete. Als er dann einmal für neun sehr lange Monate im Spital eine Alternative zum Trübsinnblasen brauchte, entsann er sich der von launischen Lebensläufen gekerbten Gesichter seiner Gäste und zeichnete und zeichnete. Manche der Porträts verkaufte er für zweihundert Schilling pro Stück, die meisten jedoch versammelte er in der Ausstellung „Die Bürger von Herrnbaumgarten". Damit war so nebenbei die Galerie s'Presshaus entstanden. Diese geglückte Dreierbeziehung von Dorf, Wein und Kunst erwies sich in den folgenden Jahren auch als Anregung zu liederlichen Naheverhältnissen aller Art. H.C. Artmann, Hermann Nitsch oder Peter Turrini ließen sich in Umschaids Galerieheurigen nieder, um nicht so bald wieder aufzustehen. Herrnbaumgarten war auf dem besten Wege, zum unwiderstehlich peripheren Nabel der Welt zu werden.

Noch etwas war geschehen, und wer weiß, was alles nicht geschehen wäre, wäre das nicht geschehen: Herrnbaumgartens verlorener Sohn kehrte zurück. Fritz Gall, des Tierarztes Kind, war dereinst nach Wien gezogen, um dort Studien zu betreiben, von denen man nichts Genaueres wusste. Als er ins Dorf zurückkam, stellte sich jedenfalls heraus, dass ihm dabei obszön lange Haare gewachsen waren, dass er auch in Gesellschaft rechtschaffener Leute befremdliche Reden hielt, sich künstlerisch umtat und überdies Leute anlockte, die auf geradezu unerhörte Weise musizierten. Herrnbaumgarten sah sich belästigt, bedrängt, wenn nicht gar bedroht. Nur Friedl Umschaid sah die Dinge und Fritz Gall anders, ganz anders. Dass der Funke, welcher dabei von dem einen auf den anderen übersprang, augenblicklich einen Kurzschluss auslöste, darf nicht als Störfall verstanden werden: Diese Art der energetischen Blitzverwertung war nämlich von hoher Symbolkraft für eine sprühende Zukunft. Doch davon später.

Erst einmal war für Friedl Umschaid mit dem Besuch des jungen Herrn jene Unruhe und zielstrebige Verirrung nach Herrnbaumgarten gekommen, an der das Dorf nur gesunden konnte. Außerdem gab es nun einen für ihn, der in Zukunft seine Ansätze mit Absätzen versehen konnte, kaum geahnte Begehrlichkeiten in unverhohlene Lustbarkeiten verwandeln würde und zarte Gespinste in zärtliche Spinnerei. Fritz Gall hingegen hatte einen konspirativen Kollaborateur gefunden, einen Katalysator und Multiplikator seiner einsamen Entschlüsse, den versierten Verwalter grandiosen Scheiterns. Kurz gesagt: Ein Zweifachwesen ward geboren.

Diese verzweite Lebensform erwies sich überdies als Doppelmagnet. Offenbar gab es allerorten im Erdenrund eigensinnig kreative Schläfer, die nur darauf gewartet hatten, jenen Ruf zu hören, der ihre sinistren Innenwelten ans Licht holte. Die dem folgende hochbrisante Zusammenballung entlud sich mit explosiver Kraft. Die erste Österreichische Erfindermesse brachte nicht ein paar,

sondern ein paar tausend perplex frohlockende Besucher nach Herrnbaumgarten. Als die Staunenden heimkehrten, waren sie von allen guten Geistern verlassen – und es fühlte sich verdammt gut an. Das mochte schon auch am ausrollbaren Zebrastreifen liegen, jener Erfindung, die sich erfrecht, die Straßenverkehrsordnung mit einem ebenso gesetzestreuen wie anarchistischen Attribut respektlos zu achten. Freie Bürgerinnen und Bürger gehen selbstbestimmt und sicher ihrer Wege, wo immer sie wollen – und sie tun das ordentlich, als individuelle Ordnungsmächte. Damals bahnte sich jene Versöhnung von Herrschenden und Beherrschten an, auf die wir bis heute vergeblich warten. Aber ein Anfang ist gemacht, immerhin.

Davon abgesehen: Erfolg korrumpiert. Wien musste Herrnbaumgarten werden! Palais Pálffy! Bürgermeister Zilk! Weltpresse! Die Herren Umschaid und Gall berauschten sich nebst ihren Spießgesellen an befreiender Stadtluft, zogen nachts durch die Lokale, um Plakate zu kleben, und wollten dabei nicht durstig bleiben. Als dann ein Ober angesichts verschütteten Weines das gewendete Tischtuch seiner weiteren Verwendung zuführte, war eine neue Erfindung unabwendbar: der sechsfach verwendbare würfelförmige Drehtisch. Übrigens: 15.000 Besucher strömten begierig herbei und zogen bereichert hinweg, Zilk sprach vernehmlich, die „Los Angeles Times" und die „Chicago Post" berichteten. Sogar das noch weiter entfernte Vorarlberger Ausland war durch Dornbirner Damen vertreten. Das blieb nicht ohne Folgen und die Geschichte der Dornbirner Messe wurde unter dem Symbol der flugs ersonnenen Dornenbirne um ein Kapitel völlig unalemannischer Unvernunft bereichert.

Wie auch immer: Der Weltruhm war eingesackt, Friedl Umschaid hatte Heimweh nach Herrnbaumgarten und auch Fritz Gall fühlte sich zum verhaltenen Entsetzen seiner dörflichen Mitbürger dort zunehmend wohl und zuhause. Es kam also im Jahr darauf zur letzten Erfindermesse, weil man ja schließlich irgendwann

damit anfangen muss aufzu-
hören. Auch diesmal wurde
wider die kollektive Entmün-
digung mündiger Bürger und
Bürgerinnen gefochten: Seit
damals haben Weitsichtige,
deren Armeslänge nicht zum
Lesen des Kleingedruckten
ausreicht, die Freiheit, mittels
einer sinnvollen, fein regel-
baren Fernabstandshalterung
auch heimtückisch klein Ge-
drucktes zu lesen.

Mit zwingender Logik und
in glasklarer Konsequenz wurde fürderhin die Befassung
mit den Grundbedürfnissen
menschlichen Seins vertieft.

Der Kongress für Richtungsbestimmung gab endlich Antwort
auf drängende Fragen: Von wo nach wohin geht es ummi, eini,
hintri, vieri, obi, auffi? Die abschließende Podiumsdiskussion mit
wissenschaftlich fundierten Teilnehmern wie Hans und Gerlinde
Haid brachte unter anderem auch die verblüffende Erkenntnis,
dass der Weg obi auch durchaus auffi führen kann.

Ins Tierreich projizierte menschliche Sensationsgier und Lust
an rassiger Rasanz mündete in die Durchführung des 24-Stun-
den-Weinbergschneckenrennens. Der vordem so idyllische Innenhof des Umschaid'schen Anwesens wurde mit Tribünen, Flut-
licht und Streckenposten zum Austragungsort einer gnadenlosen
Hetzjagd. Nach dem Startschuss wurde das Schneckentempo
bis zur letzten Schleimspur ausgereizt, und manch ein rasender
Schleicher ging so sehr an seine Grenzen, dass er zur Bewälti-
gung der 24 Stunden 25 Stunden benötigte. Nach dieser Vorgabe

war die dynamische Entwicklung Herrnbaumgartens nicht mehr zu bremsen. Die Gründung des „Vereins zur Verwertung von Gedankenüberschüssen" war zwingend notwendig geworden, damit die Überschwemmung durch Ideen und der Wildwuchs an Gedanken in ein ordentliches Chaos münden konnten.

Seitdem sind viele Jahre ins Land gegangen. Friedl Umschaid kann stolz und tatendurstig ein Herrnbaumgarten ins Auge fassen, in dem kein Stein auf dem anderen blieb und nur der Wackelstein die ewige Ruhe fand.

Natürlich hat Friedl Umschaid längst auch unterirdisch dem Unergründlichen seiner weit verzweigten Innenwelten Raum gegeben.

Zehn Weinkeller und viele Erdställe hat er zur Unterwelt verbunden, und wenn alljährlich die dunkle Lustbarkeit des Erdballs ausbricht, wogt die Menge und es wird auf Teufel komm raus musiziert: Attwenger, Aniada a Noar, Mnozil Brass, und, und … Steigt der Herr der Tiefe nach kurzem Innehalten vor den bleichen Gebeinen des hier gefundenen Doppeladlers endlich ans Licht, sieht er vielleicht den hochgeachteten Bürger des Ortes, Fritz Gall, ungeachtet der Bürde des Alters keck gesträubten Intellekts heranschreiten und denkt an die vielen, vielen im „Nonseum" versammelten Erfindungen, allesamt genial, bahnbrechend und auf unverzichtbare Weise unbrauchbar. Alle sind ihm ans Herz gewachsen, einige auch sehr – wie etwa die vom rigiden Zwang zur Sehkraft-Verstärkung befreiten Augengläser oder der jeglichen Überfluss vermeidende Suppenteller mit Abfluss.

Doch drei mag er besonders: Die aus transportablen Gittern bestehende, zutiefst humane Ausgangskleidung für Sträflinge, den einfühlsam suppengewichtgesteuerten Tellerheber und die Leider: eine Leiter-Sprosse unten, die zweite unerreichbar hoch oben. So ist das Leben. Oder auch nicht.

Christian Wessely

CHRISTIAN WESSELY
Der Ostsibirische Korjakenknacker

Wenn ein Professor am Institut für Fundamentaltheologie an der Universität Graz ungewöhnliche Laute wie Grrkztrrtschrwzkaja! ausstößt, liegt es daran, dass er einer zweiten Berufung nachhängt: Donaldist. Rätsel über Rätsel? Ich setze demnach zu möglichst kurzschweifigen Erklärungen an. Unter einem Donaldisten dürfen wir uns ein Mitglied der D.O.N.A.L.D vorstellen, der Deutschen Organisation der Nichtkommerziellen Anhänger des Lauteren Donaldismus. „Deutsch" ist dabei nicht so gemeint. Natürlich können auch Menschen aus Timbuktu oder Graz oder Schwartenkrachdorf Mitglied werden, gewisse Voraussetzungen vorausgesetzt. (Räusper.) Ziel der Organisation, so steht es in der Satzung geschrieben, ist die Pflege, Förderung und Verbreitung donaldistischen Sinngutes. Letzteres ist, wie einigermaßen bekannt sein dürfte, in jener Welt zu finden, in der die Familie Duck lebt, also in Entenhausen und Umgebung. Nicht wenige Donaldisten weihen übrigens ihr Dasein der Forschung und Lehre, wobei sich ihre missionarischen Ambitionen durch noble Zurückhaltung auszeichnen. Doch damit ist schon einmal eine gewisse Nähe zu akademischer Tätigkeit gegeben.

Die Fundamentaltheologie hingegen sieht ihre Aufgabe darin, angesichts der rauen Wirklichkeit die christliche Lehre so plausi-

bel und überzeugend darzustellen, dass sie von jedermann und jederfrau als Standpunkt anerkannt werden kann. Die Lebenswelt einer konkreten Zeit – also zum Beispiel der Gegenwart – mit ihren soziologischen, wirtschaftlichen, wissenschaftlichen und philosophischen Gegebenheiten und die christliche Glaubenswelt geraten aneinander, ineinander, durcheinander und prüfen, wie das Miteinander funktionieren kann. (Ächz).

An dieser Stelle ist ein kleiner donaldistischer Einschub unaufschiebbar: „Ächz", „Räusper" und so weiter haben in den Entenhausener Bildergeschichten die Funktion von Regieanweisungen in Bühnenstücken. So nimmt es nicht wunder, dass diese possierlichen Sprachminiaturen auch dazu dienen, in der donaldistischen Diktion feinsinnige Akzente zu setzen.

Doch zurück zu den Fundamentaltheologen, die so ganz und gar nicht zu den Fundamentalisten zählen: Es geht ihnen nicht um eine den einzig wahren Glauben erzwingende Beweisführung, sondern um die vielschichtig fundierte (sic!) Begründung einer Überzeugung, die den gleichberechtigten Austausch mit anderen Überzeugungen erst möglich macht. (Zack!). Bevor wir uns aber dem Wirken des theologisch-donaldistischen Zweifachwesens Christian Wessely zuwenden, liegt es nahe, sich den Wurzeln seines Werdens zu widmen.

Dass er auf der Farm von Willibald Wasserhuhn geboren worden sei und dort schon im Kleinkindalter beim jährlichen Round-Up der Rinder mithelfen musste, darf als donaldistisches Gerücht abgetan werden. Sehr wohl aber ist er auf dem kleinen Bauernhof seiner Mutter aufgewachsen und war erst einmal trotz vieler anderer Interessen dem Landleben zugewandt. Weil er aber einer ist, der es immer ganz genau wissen will, studierte er mit heißem Bemühen im Ennstal an der viel gerühmten Landwirtschaftlichen Schule Raumberg Böden, Pflanzen und Getier und leider auch Betriebswirtschaft. Letztere ließ ihn nämlich schmerzlich

klar erkennen, dass die elterliche Landwirtschaft viel zu klein für eine einigermaßen einträgliche Zukunft war. Andererseits waren ihm die Folgen ungehemmten Wachstums bäuerlichen Tuns bewusst. Ein Zusammenhang mit donaldistischen Quellen, insbesondere jener Geschichte, die das schöne Städtchen Freudenbad zum freudlosen Flecken Rührei werden ließ, ist nicht bewiesen, kann aber auch nicht gänzlich ausgeschlossen werden. Dafür spricht, dass sich Christian Wessely in der ihm bis heute verbliebenen Landwirtschaft der sehr diskreten Zucht von „Altsteirern" widmet, von Rassehühnern also, die, vom Aussterben bedroht, jeglicher Hybris abhold sind. Donald hingegen setzt auf einem Hügel über den Dächern von Freudenbad voll nimmersatter Gewinngier und unbeschwert von Fachwissen jeglicher Art so lange auf die Massenproduktion, bis eine Million Eier auf Freudenbad niedergehen („PLATSCH!"). Um der glibberigen Masse Herr zu

werden, zündet der Bürgermeister sein Rathaus an. Das freudlos wieder aufgebaute Freudenbad heißt fortan Rührei.

Dies alles vor Augen beschloss der verhinderte Landwirt, etwas Vernünftiges anzugehen und trat als Musiker in die Tanzband seines Bruders ein. Schon wieder drängt sich ein Hinweis auf frühe Prägungen, ja eine gewisse Instrumentalisierung durch Entenhausener Kulturgut auf: „Der Weg zum Ruhm" führt für Donald erst zur fundamentalen Erkenntnis: „Sie haben so Unrecht nicht! Ich habe wirklich eine schöne Stimme." Trotz exzessiven Gesangsstudiums kommt Donalds Stimme im Funkhaus aber nicht an. Nun greift er bebend vor ungenutzter Musikalität zur Basstuba („TRÖÖÖT!"), zum Schlagzeug („Wumdibum! Bum! Kling! Bong! Bong!") und zum Ein-Mann-Orchester. Alles vergeblich. Endlich wird er mit einer ohrenbetäubenden, nervenzerfetzenden Dampforgel („QUIETSCH! TUT!") doch berühmt. Ja, und just den Bau einer solchen Musikmaschine trägt Christian Wessely seit der frühkindlichen Lektüre des betreffenden Heftes im Herzen, und Gerüchten zufolge hat er schon die entsprechenden Pfeifen am Dachboden gehortet, verhalten seufzend geduldet von seiner nur in donaldistischen Belangen viel geprüften Ehefrau Ingeborg. Seit einem Vierteljahrhundert verbindet ihn mit ihr mehr als Donald mit Daisy. Sein unverblümtes Naheverhältnis zu Entenhausen kann sie nicht nachvollziehen, aber sie gönnt es ihm: Frauen sind ja so vernünftig.

Doch zurück zu jenen Dampforgelklängen, die Musik und Technik so trefflich miteinander verbinden. Davon angeregt vertauschte der übrigens tänzerisch völlig unbedarfte Tanzmusiker eines Tages sein letztlich doch etwas oberflächliches Dasein mit dem tiefschürfenden Studium der Elektrotechnik, schon um es Donald gleichzutun, der als Blitzreparierer dem Buch „Selbst ist der Mann" vertraut, tollkühn K mit H verbindet und dadurch G nach C bewegt. Außerdem: Ingenieur war er ja schon, wenn auch Agrar-. Weil aber ein Dasein in überfüllten Hörsälen seinen Wissensdurst nicht ausreichend befriedigen konnte, er aber nicht so recht wusste, wonach ihn noch dürsten könnte, ging er erst einmal zum Bundesheer, um nachzudenken. Eines war ihm klar: Eine ebenso seelenlose wie maßlose Anhäufung von Wissen führt nicht zu Erkenntnissen, sondern zum Kurzschluss. Auch hier könnte sich eine Erfahrung Donalds als durchaus wertvoll und wegweisend erwiesen haben: In der Geschichte „Geld oder Ware" frisst dieser Tag und Nacht verbissen Wissen in sich hinein, weil er meint, dass es ihm tonnenweise Geld bringen würde. Am Ende weiß er als Quizkandidat, wie viele Tropfen Wasser in einer Woche über den Rheinfall fallen – nämlich „sechs Trillionen Ultradimensionen, sechshundertsechsundachtzig Superpostillionen, einhundertvierundzwanzig Imponderabillionen, dreihundertfünfundzwanzig Multiprovisionen, siebenhundertneunundachtzig Reptilionen", und so weiter und so fort. Donald wird vor die Wahl zwischen der ersehnten Tonne Geld und einem Dreirad gestellt. Völlig benommen von der enormen geistigen Anstrengung wählt er das Dreirad. Solches kann einem schon zu denken geben. Auch Christian Wessely stand dereinst vor der Wahl, gottlob nicht benommen: Eine Fortsetzung des Musikerdaseins, diesmal allerdings mit Kirchenmusik – Orgel, wir ahnen es – oder Theologie. Ersteres schied schon einmal durch fehlende Notenkenntnisse aus. Also entschied er zu Gunsten des

Theologiestudiums. Wir wissen, wie die Sache ausging. Damit kommen wir der Frage nahe, wo denn nun die Schnittstellen zwischen den ehrwürdigen Wissenschaften Fundamentaltheologie und Donaldismus zu finden sein könnten.

Vorab sei ein analytischer Blick auf jenes Entenhausener Universum gestattet, das Carl Barks und Erika Fuchs geschaffen haben: Barks als genialer Zeichner und Geschichtenerzähler, die Altphilologin Fuchs als Garantin für sprachlich verfeinerte, im Ausdruck differenzierte und sorgsam akzentuierte Sprechblasen-Inhalte. Beides zusammen ergibt ein Entenhausen, das unserem Menschenhausen, unserer Welt also, in vielem verwandt und ähnlich ist. Ein Unterschied ist allerdings von besonderer Bedeutung: Das völlige Fehlen direkter Verwandtschaft befreit die Entenhausener Gesellschaft von der Bedeutung der Reproduktion. So können Macht und Machenschaften, kann alles, was zwischen Menschen möglich ist, auch zwischen Enten möglich sein, nur eben kindgerecht, in neutralisierter Atmosphäre. Enten, mit allen nur denkbaren Schwächen und Vorzügen bedacht, werden

durch alle Höhen und Tiefen (Himmel und Höllen?) geschickt und ihr Hoffnungspotenzial reicht gerade noch, aber doch sehr verlässlich, zum Weiterleben. Entenhausener Enten sind also Identifikationsfiguren, pädagogisch wertvoll und wissenschaftlich interessant. In der Lehre ist die optische Verdichtung und pointierte Verkürzung komplexer Inhalte in kurzen Bildfolgen oder einzelnen Bildern als Illustration und Auflockerung durchaus geeignet. Für den Wert Entenhausens bei der Erläuterung theologischer Sachverhalte sei ein konkretes Beispiel genannt: die mimetische Rivalität, von René Girard als soziologische Erklärung für das latente Gewaltpotenzial im Sinne einer anthropologischen Konstante entwickelt. Siehe Entenhausen: Der Maharadscha von Zasterabad lässt im Wettstreit mit Dagobert Duck immer noch größere Denkmäler des Stadtgründers errichten. Der Mechanismus, der ihn (und Dagobert) dazu bringt, ist die schiere Nachahmung bei gleichzeitiger Überhöhung des Vorbildes. Der Maharadscha scheitert natürlich und wird, sogar seiner Kleider ledig, auch noch für die Entsorgung der monströsen Denkmäler haftbar gemacht: der klassische Sündenbockmechanismus.

Und noch was: Die von Barks entworfene, fast völlig säkulare Bilderwelt wird in der Sprechblasenwelt der Frau Fuchs ein ganz klein wenig umgedeutet. Siehe: „Ach, du lieber Gott", der Ortshinweis „der Papst in Rom" oder ein christlich konnotierter sozialer Bezug, die „Patentante". All dies weitgehend unerforscht … Es gibt viel zu tun.

Bleibt der oben erwähnte seltsame Laut, den auszustoßen sich der Professor zuweilen gönnt, wir erinnern uns: Grrkztrrtschrwzkaja. Damit rühmt er sein donaldistisches Wappentier, den Ostsibirischen Korjakenknacker, dessen Ruf – Auskenner kennen sich aus – wahrhaft unnachahmlich ist. Donald, in der betreffenden Geschichte ein selbst ernannter Echologe, gönnt seinen Neffen die paar Kreuzerlein fürs Fußballspiel nicht. Auf dem Weg zur Wald-Bühne des Naturburschenvereins möchte Donald seine Kunst üben und die Neffen wollen daran verdienen. Gegen Entgelt liefern sie jedes nur erdenkbare Echo. Sogar ein mit eindrucksvollem Ungestüm geblasener Dudelsack und der Einsatz des oben genannten raren Rubelraben bringen sie nicht in Verlegenheit. Aber Donald hat den Münzeinwurf nur vorgetäuscht. Also machen ihm die Neffen seinen Auftritt fast zunichte, Donald zahlt, die Neffen eilen ins Stadion. Alles im allem ein nicht übermäßig moralisches Gespinst von Geiz, gegenseitiger Schlitzohrigkeit und dem erzwungenen Ausgleich der Interessen. Und die Antwort, gleichviel, ob aus echologischer oder theologischer Sicht? Na? Grrkztrrtschrwzkaja. Na bitte.

Roland Girtler

Roland Girtler
Schüler in Gottes Weltuniversität

Es war einmal … ein lauschiger Wirtshausgarten im siebenten Wiener Bezirk. Prof. Roland Girtlers Buch „Der Adler und die drei Punkte" wurde präsentiert. Viele Menschen kamen, darunter Universitätsprofessoren, Justizbeamte und nicht wenige hochkarätige Ganoven, elegant, vielleicht etwas zu elegant. Der längst schon legendäre Alois Schmutzer war da und natürlich sein engster Mitarbeiter: Bei genauerer Betrachtung fielen Tätowierungen im Winkel von Daumen und Zeigefinger der rechten Hand auf, dazu noch ein Punkt unter dem rechten Auge. Die Punkte auf der Hand wiesen den Mann als „Steher" aus, als einen, der nichts und niemanden verriet, nichts sagte, nichts hörte, nichts sah. Die kleine, kaum merkliche Tätowierung unter dem Auge war der „Strizzipunkt", und der Strizzi war Pepi Taschner. Unsichtbar unter dem teuren Anzug, wenn auch nicht weniger bedeutend für das Selbstverständnis seines Trägers, zierte ein großer Adler die Brust, Symbol der Macht. Pepi Taschner konnte auf eine fast schon klassische Vergangenheit als ambitionierter und durchaus erfolgreicher Kleinkrimineller zurückblicken: 1942 geboren, geriet er in den Wirren der Nachkriegszeit schon als Kind in die Nähe der Wiener Gaunerszene. Als jugendlicher Krimineller und Insasse eines Erziehungsheimes übte er sich in jenen Strategien

154

der Gewalt, die ihm später in der Zusammenarbeit mit Alois Schmutzer und seiner Stoßpartie einiges Gewicht gaben. Seine beiden Revolver seien ein Teil seiner selbst gewesen, erzählte er rückblickend, sie gehörten zu ihm, und das wussten die Leute, mit denen er zu tun hatte.

Bei der Präsentation im Wirtshausgarten war dann längst schon alles anders geworden: Es gab ein Buch über das Leben des Pepi Taschner, und ein wahrhaftiger Universitätsprofessor hatte es geschrieben, Roland Girtler, den er mit respektvollem Abstand fast schon seinen Freund nennen durfte. Immerhin hatten die beiden oft und lange miteinander geredet, vorsichtig erst, doch nach und nach ganz offen. Dieser Professor, der nicht ausschaute wie ein Professor und schon gar nicht so redete, passte zwar nicht in die Welt des Pepi Taschner, war aber einer, dem man vertrauen konnte. Und ein neugieriger Mensch war er auch. Tat gut, dieses aufrichtige Interesse an einem Leben, von dem sich die besseren Leute mit mehr oder weniger aufrichtiger Abscheu abwandten. Aber ein besserer Leut' war er eben nicht, der Roland Girtler, und vielleicht brachte es ihn ja wirklich weiter, wenn er aus erster Hand erfuhr, was es da alles so gab unter kleinen und größeren Gaunern.

Jedenfalls war nach der Buchpräsentation in einer Zeitung zu lesen, nicht wenige Gäste hätten den schnittigen Pepi Taschner für den Autor gehalten und den zerknitterten Roland Girtler für den Ganoven. Gar nicht so falsch, kommentierte der Soziologe trocken, denn immerhin sei einer, der gekonnt aus seinem Leben zu berichten wisse, auch so etwas wie ein Professor.

Diese Nähe zwischen dem Forscher und seinen Gesprächspartnern war so manchem der sehr gelehrten akademischen Kollegen und Kolleginnen schon damals verdächtig. Und weil es nun einmal so herrlich einfach ist, Menschen mit Etiketten zu bekleben und mit Schlagwörtern abzuspeichern, wurde Roland Girtler zum Professor mit dem wenig standesgemäßen Hang zu Randgruppen, gönnerhaft vielleicht auch noch als „Original" zur Kenntnis genommen. Roland Girtler ließ sich davon in seiner Arbeit nicht beirren, blieb seinen Randgruppen treu und errichtete einer besonders rabiaten Spezies, den Wilderern, sogar ein Museum in St. Pankraz. Andererseits kann der Soziologe und Dok-

Die von Kameraden befreiten Wildschützen feiern im Gasthof Dolleschall in Molln, am 19. März

tor der Philosophie mit Einordnungen und Zuordnungen wenig anfangen, konnte und wollte es noch nie. Nicht einmal in seiner Biografie bringt er es zuwege, gängigen Erwartungshaltungen zu entsprechen. Einerseits geht es verlässlich sprunghaft und unkonventionell zu in seinem Leben, andererseits hat er sich konsequent und energisch eine solide wissenschaftliche Laufbahn erarbeitet.

Er ist ein geborener Wiener aus Oberösterreich, Spital am Pyhrn, um genauer zu sein. Das legte den Besuch des humanistischen Gymnasiums des Klosters Kremsmünster zumindest geografisch nahe. Im Übrigen war das gottgefällige Lehrgebäu-

de mit strengen Regeln und Hierarchien ganz und gar nicht nach dem Geschmack eines Schülers, der zwar begierig war zu lernen, aber nicht ex cathedra belehrt werden wollte. Das Ergebnis waren schlechte Noten. Zwei „sehr gut" schmückten immerhin die schulische Laufbahn: eins im Turnen, was nicht erstaunt, und eines, schon eher verwunderlich, in Religion. Eines Tages wollte der betreffende Pater wissen, in welchem Jahr das erste Konzil von Nicäa stattgefunden habe. Ein schauerliches Schweigen brandete ihm entgegen, worauf er dem, der es doch wisse, ein permanentes „sehr gut" über die ganze Schulzeit hinweg verhieß. Solches vor Augen dachte der Schüler Girtler heftig nach und hatte auch schon die Antwort: 325. Sehr viel frömmer war er durch diese Leistung allerdings nicht geworden. Als er zum Beispiel, mit Mühe aber doch in die siebente Klasse aufgestiegen, erfuhr, dass im Städtchen zu Füßen des Klosters ein Ball stattfinden sollte, ergriff er kurzerhand die Flucht, verbrachte eine won-

nige Nacht und lernte zu seiner Freude auch noch Christl Lechner kennen, die spätere Schwiegermutter eines gewissen Josef Hader. So nahm er sich denn seine Freiheit, wo sie ihm seiner Meinung nach zu Unrecht vorenthalten wurde, und war auch sonst recht widerspenstig. Andererseits wollte er die ungeliebte Schulzeit endlich hinter sich bringen und sorgte mit unwilligem Fleiß dafür, dass er den Mindestanforderungen genügte. Am Ende gab es 46 Schüler in der achten Klasse, von denen fünfzehn die Matura bestanden,

darunter auch Roland Girtler. Alles andere als ein Musterknabe, aber im schulischen Daseinskampf gestählt, hatte er strategisch klug und listenreich mit seinen Wissenspfunden gewuchert und sich über allfällige Defizite mit kühner Eleganz hinweggesetzt. So war er denn reif, und seine Eltern, Tierärzte alle beide, seufzten erleichtert auf.

Dafür war es allerdings zu früh. Jetzt, wo es Roland Girtler in Wien endlich offenstand, zu studieren, was er wollte und wie er es wollte, konnte er kaum genug davon bekommen. Er inskribierte einfach alles, was ihn interessierte: Jurisprudenz – zwei Staatsprüfungen –, Ethnologie, Urgeschichte, Philosophie, Soziologie und anderes mehr. Und er brachte es dabei auch noch fertig, sich nicht zu verzetteln. Unbeirrt strebte er in einer akademischen Welt sorgsam abgegrenzter und eifersüchtig verteidigter Fachbereiche das fast schon vergessene Ideal des Universalgelehrten

an, wohl wissend, dass er diesen Weg sein Leben lang verfolgen würde, ohne je an ein endgültiges Ziel zu gelangen. Doch das war auch schon wieder beruhigend: Unerschütterlich festgefügte Erkenntnisse, unabänderliche Lehrmeinungen und bis zum Überdruss abgesicherte Methoden waren und sind ihm ohnedies verdächtig. Demnach studierte und studierte er, viel zu lange für den Geschmack seines Vaters. Darauf konnte Roland Girtler angesichts seines noch lange nicht gestillten Wissensdurstes zwar keine Rücksicht nehmen, aber er sah schon ein, dass es notwendig war, das Seine zur Finanzierung beizutragen. Das tat er frohgemut und mit nicht geringem Eifer als Arbeiter am Naschmarkt, als Bierausführer oder Filmkomparse. So zwischendurch verschlug es ihn nach einem Unfall mit dem Motorroller für einige Zeit ins Spital. Dort lag er (natürlich, möchte man meinen) neben einem Zuhälter. Statt ihn geflissentlich zu ignorieren, wandte er sich seinem Bettnachbarn höchst interessiert zu und betrieb Feldforschung im Liegen. Dabei lernte er einen ihm bislang völlig unbekannten Bereich des Lebens kennen und beobachtete darüber hinaus, wie gut Mechanismen aus der Welt der Ganoven auch in einer anderen vom bürgerlichen Alltag ausgenommenen Welt, der des Krankenhauses, funktionierten. Der Patient Girtler durfte sich demnach in der wohlwollenden Zuneigung eines versierten Strizzis geborgen fühlen, auch wenn er sich dort ganz und gar nicht zuhause sah. Jedenfalls blieb die respektvolle Nähe der beiden Männer auch in den späteren Jahren bestehen. Für sich hatte Roland Girtler also schon als Student verinnerlicht, dass ihn jede Erfahrung weiterbrachte, vorausgesetzt, er nahm sie intensiv an, analysierte sie exakt und gewann dabei jene Essenz, die sein akademisches Wissen bereicherte. Endlich (und schon wieder seufzte der Vater erleichtert, aber zu früh) schloss Girtler sein Studium mit dem Doktor der Philosophie ab. Auf der Einladung zur Promotion wird Wilhelm Busch zitiert: „Stets findet Überraschung statt, wo man sie nicht erwartet hat."

Eher beiläufig die weitere akademische Laufbahn verfolgend, verarbeitete er die Ergebnisse seiner Feldforschungen in Indien in einem Buch. Dann fuhr er fort, unerschrocken, abenteuerlich und von exaktem Fleiß beseelt, als Soziologe jener Wahrheit nachzuspüren, die im Felde liegt – und die in der sich selbst genügenden Studierstube allenfalls in theoretischen Ansätzen zu finden ist.

Aber Roland Girtler ist, endlich als Professor für Soziologie habilitiert, auch zur wissenschaftlichen Institution geworden. An seinen Grundsätzen ändert das nichts. In der Einleitung seiner zu Recht viel zitierten „Zehn Gebote für die Feldforschung" schreibt er: „Die große und vornehme Arbeit des Soziologen und der Soziologin, wie ich meine, ist, durch entsprechende gute Studien, zu denen die Beschreibung des Alltags der Menschen in ihren Gruppen mit all ihren sozialen Kontakten, ihren Problemen, ihren Strategien des Überlebens, ihren Symbolen und Ritualen gehören, dazu beizutragen, dass Menschen sich gegenseitig akzeptieren und achten." So einfach ist das, viel zu einfach für  jene, denen es gar nicht kompliziert genug sein kann, verästelt in Myriaden von Fußnoten. Und wenn schon mit Menschen geredet wird, weil das eben auch irgendwie dazugehört, dann gezielt, ergebnisorientiert, mit standardisierten Methoden. Dann werden Gespräche zu „Interviews", allenfalls huldvoll zu „Tiefeninterviews" oder „narrativen Interviews" erweitert.

Girtler setzt all dem einen wenig modischen, aber inhaltsreichen Begriff entgegen: das „ero-epische" Gespräch. Darin stecken zwei altgriechische Wörter, mit denen sich Fragen und Erzählen verbinden. Der Forscher bringt sich ein und hat die Bescheidenheit, sich als Lernender vom Gesprächspartner leiten zu lassen.

Neugierig gilt es zu sein, und unverwüstliche Sympathie für Menschen ist vonnöten, soll es gelingen, das Abenteuer Feldforschung zu bestehen. Und zur Neugier kommt präziser Fleiß. Roland Girtler schreibt die Tonaufzeichnungen stundenlanger Gespräche selbst ab, um zu reflektieren, auch sich selbst kritisch zu hinterfragen.

Er ist ja doch ein merkwürdiger Mensch, der Herr Professor: intuitiv, listenreich und unberechenbar. Aber auch kompromisslos, was die Qualität seiner Arbeit betrifft, und allen, denen es je gelang, seine Achtung zu gewinnen, ein verlässlicher Freund.

Alfred Komarek

ALFRED KOMΛREK
Der Höhlenmensch

Zugegeben: Es ist eine Frechheit, mich in diese illustre Runde zu drängen. Dass es mir auch noch diebisches Vergnügen bereitet, völlig ungetrübt von schlechtem Gewissen, macht die Sache nicht besser. Aber so bin ich eben. Vermutlich sind einige charakterbildende evolutionäre Entwicklungsschritte an mir vorbeigegangen. Das belegt zum Beispiel meine archaische Vorliebe für Wohnhöhlen. Ich habe drei davon, um das beiläufig und in aller Unbescheidenheit zu erwähnen.

Eigentlich verlasse ich eine Höhle nur, um, dunklen Trieben folgend, zu einer anderen Höhle aufzubrechen oder um zu jagen und zu sammeln. Das geht allein am besten, manchmal sind andere aus meiner Sippe dabei, dann und wann hocken wir auch zusammen, nagen an großen Knochen und unsere Gesichter sind rot vom Feuer. Aber ich gehe dann bald. So richtig lustig wird's für mich erst in der Höhle. Da sitze ich dann am liederlich entfachten Feuer, brate Träume am Spieß, huldige zahlreichen Lastern und gedenke vergangener und künftiger Untaten. Dem war nicht immer so. Erst habe ich unbeholfen und widerwillig versucht, mit vielen Leuten viele Feste zu feiern. Das hat sich irgendwie verloren, dem Himmel sei Dank. Später habe ich Gäste in die Höhle geschleppt, die angesichts meines ungeselligen Gemüts bald ihr Heil in der Flucht suchten. Endlich bin ich für mich geblieben. Nur zu heiligen oder unheiligen Zeiten lasse ich jemanden zu mir ein, durch die Hintertür, versteht sich, und wenn der Besuch dann sachte durchs offene Fenster entfleucht, schaue ich lange und sinnend hinterher.

Ich frage mich natürlich, wie das alles so gekommen ist.

Natürlich ist meine schreckliche Kindheit daran schuld: liebevolle Eltern, zwei miteinander und ein wenig auch mit mir verbündete Brüder, ein großer Garten rings ums Haus. Aber! Ich hatte viele Jahre kein eigenes Zimmer. Und weil ich ja irgendwo hin musste, mit all den Heimlichkeiten und Geheimnissen, habe ich mit allem vorliebgenommen, was sich so finden ließ. Den Keller musste ich – Waschtage ausgenommen – nur im Winter mit den Hühnern teilen, und die erzählten nichts weiter. Der Dachboden gefiel mir noch besser: eine dem festen Boden beinah entrückte Zwischenwelt, vollgeräumt mit Leere, dicht unter einem unheiligen Himmel. Mein liebster Zufluchtsort war allerdings ein ausladendes Holundergebüsch, das tief im Innern einen kleinen Hohlraum bot, dicht, dunkel und geradezu sündhaft nach Fruchtbarkeit riechend. Da saß ich denn, wuchs träumend über mich hinaus und in mich hinein, bis mir irgendwann meine allwissende Mutter mit einer beiläufigen Bewegung des kochlöffelförmigen Flammenschwertes den Weg aus dem Paradies in den häuslichen Alltag wies. Im Haus, im häuslichen, war ich nur als Untermieter behaust. Tagsüber war ich überall geduldet und für die Nacht wurde mir jenes Wohnzimmer als Schlafplatz zugewiesen, das eigentlich nur so hieß, in Wirklichkeit aber das Arbeitszimmer meines Vaters war. Ob er dort, wohlweislich unter Ausschluss auch der familiären Öffentlichkeit, wirklich nur gearbeitet hat, weiß ich nicht, argwöhne jedoch, dass er, der Intellektuelle mit (Selbst-)Ironie in den Augen und um den Mund, nebst vertrackt sublimierter Sinnlichkeit im Leibe, sich einen überaus privaten Freiraum geschaffen hat, eine gediegen und kreativ möblierte Höhle. Nur in den Morgenstunden teilte er sie mit mir, machte befremdliche Turnübungen und attestierte mir geistige Reife, weil ich ihn nicht auslachte.

Als dann endlich beschlossen wurde, dass ich ein Zimmer bekommen sollte, mein Zimmer, sorgte der Vater für verputzte Wände und Steckdosen. Alles andere war meine Sache. So betrieb ich in hemmungsloser Konsequenz die Metamorphose eines Hohlraumes in eine Höhle. Es gab ein Fenster mit Ausblick in die große, weite Welt, bestehend aus zwei Kastanienbäumen, einem kleinen Fluss und einer kleinen Brücke, ein paar Häusern mit ein paar Leuten darin und davor und dem Himmel darüber. Die kleine, enge Welt bestand aus einem Bett und einem Schreibtisch, beide noch recht unerfahren. Aber nach und nach lagerten sich die Kulturschichten meines Weges durch die frühe Lebenszeit ab, Kindheit und Jugend, nebeneinander, miteinander und durcheinander, versehen mit unleserlichen Wegweisern in die Zukunft.

Knapp fünf Jahrzehnte später ist das Elternhaus endlich mein Haus geworden und ich komme heim, Monat für Monat, um ein paar Tage zu bleiben. Ob die Kinderhöhle von damals noch immer mir gehört, weiß ich nicht. Nach und nach werde ich aber wieder vertraut mit ihr. Auch bringe ich Geschenke mit: kleine

Autos aus buntem Blech, seltsame Radiogeräte. Ich finde mich zurecht in der Höhle, darf kramen, spielen, Unsinn treiben. Doch irgendwann ist mir klar, dass ich inzwischen besser in eine andere Höhle passe, ins gewesene Arbeitszimmer meines Vaters, eine Höhle für Erwachsene, in der es durchaus nicht an Spielzeug fehlt, für Erwachsene, versteht sich.

Doch ich greife vor.

Nach der Matura ging's nach Wien in die Obhut einer Tante, die mir jedes verborgene Laster, alle verbotenen Abenteuer, die geheimsten Sehnsüchte und die delikatesten Verirrungen von Herzen gönnte – vorausgesetzt, sie war darüber informiert, und zwar im Detail. Das mir zugewiesene, penibel observierte, kontrollierte und perlustrierte Zimmer taugte demnach nicht zur Höhle. Wieder einmal war mein Wohnraum auf einen Schlafplatz reduziert.

In dieser Zeit begann ich mich in Wirtshäusern und Kaffeehäusern einzunisten. Wichtig war nur, dass möglichst trübes Dämmerlicht zwischen vom Rauch geschwärzten Wänden herrschte, dass all die Geräusche und das Gerede schwach und hilflos aufflogen und gleich darauf wie welkes Laub auf den schwarz geölten Boden sanken. Eine konspirative Einsamkeit verband die Gäste, verwischte die Konturen ihrer Bedeutsamkeit und ließ jeden mit jedem allein: befreiend, so etwas.

Seit damals hat sich wenig geändert. Aber es ist mir immerhin gelungen, mich neuerdings auch mit hellen, freundlichen Lokalen abzufinden – wenn auch ein wenig widerwillig.

Aber zurück zur Tante. Irgendwann kam eine ziemlich schlampige, doch auch gute Fee des Weges, zauberte einen Zufall herbei und entließ mich in die ungeniert gähnende Leere einer großen Wohnung, die zu haben war. Ich verschuldete mich über jedes vorstellbare Maß hinaus und zog ein. Seit damals weiß ich mir nichts Besseres, als auch diese wirklich geräumige Höhle mit Dingen vollzuräumen, die mir Behagen, Lust oder unstatthaftes Vergnügen bereiten. Umgeben von Absonderlichkeiten aller Art bin ich längst einer der ihren geworden. Wir brauchen uns nichts vorzuspielen, wenn wir miteinander spielen, und es schaut uns auch niemand dabei zu. Ein voller Erfolg, diese zum Universum verengte Wohnhöhle. Doch es sollte noch besser kommen.

Zuweilen treibt mich der Wind dunkler Begehrlichkeit aus der Höhle und über das Land. Einer dieser ziellosen Streifzüge versickerte zwischen den Hügeln des Weinviertels, wo sich ein sanftes Loch auftat und dafür sorgte, dass ich schon zu Lebzeiten unter die Erde kam – in einem Weinkeller, fortan meinem Weinkeller. Bislang hatte ich Räume zu Höhlen gemacht, jetzt bot mir eine Höhle Raum. Diese beengte Weite, diese Stille, die in den Ohren dröhnt, dieser kühle Geruch nach Wein, nach Leben, diesseits und jenseits der Zeit, brauchten mich nicht, ich aber brauchte sie, war zu Gast, bin es noch heute. Zu ebener Erde, im Presshaus, gibt

es ein wenig mehr Spielraum und ich darf in diese alte, festgefügte Arbeitswelt meine losen Schnüre flechten. Solchermaßen geduldet bin ich frech geworden und auch noch unters Dach gezogen. Seltsam: Hier oben war mir nicht nach Vielfalt. Das Holz der Balken wollte ich sehen, allenfalls ein weiches Viereck zum Schlafen und einen Waschtisch, damit ich nicht frühmorgens kleine Kinder und werdende Mütter mit meinem wüsten Aussehen schrecke. So bin ich denn zum Bewohner eines Höhlensystems geworden: geborgen im Presshaus, verkommen im Keller und vogelfrei unter dem Dach. Dachböden sind Himmelshöhlen.

Damit ist, alles in allem, für mein Leben als Jäger und Sammler gesorgt. Mir gehören ein paar gute Höhlen, und die Jagdgründe ringsum versprechen fette Beute. Die Welt macht sich nicht unverschämt breit, sondern schaut vorsichtig durch kleine Öffnungen zu mir herein. Meine weit verstreute Sippe ist nicht minder ungesellig als ich. Das macht uns den Umgang miteinander leichter und das Zusammenhocken, von Fall zu Fall. Es braucht sich also nicht mehr viel zu ändern. Meine zahllosen Vorlieben und die ganz, ganz wenigen Lieben haben sich bewährt oder mussten sich bewähren. Mögen sie mit mir alt sein und noch viel älter werden. Im Gegensatz dazu ist mein Umgang mit Besitztümern so beiläufig wie eh und je. Je mehr ich weggebe, desto mehr kann ich in die Höhle schleppen, ohne dass es ungemütlich eng wird.

Ob alle Höhlen etwas gemeinsam haben? Ja doch, in allen finden sich Radiogeräte sonder Zahl, wohl, weil sie Fenster in den eigenen Kopf öffnen, statt ihn mit flachen Bildschirmwelten zu beleidigen. Und viele Radios müssen es sein, weil man nie genug davon haben kann. Das ist so wie mit den Schuhen bei den Jägerinnen und Sammlerinnen. Jetzt muss ich auch nicht mehr erklären, warum so viele Uhren und Taschenuhren meine Höhlen füllen. Um deren Individualität zu sichern und die meiner Zeitmessung, habe ich mich übrigens mehr und mehr aufs Ungewisse

eingeschworen, auf das Ungenaue, weil es meist besser trifft. Langweilig präzise Pflichterfüller gibt es ohnehin viel zu viele in dieser Welt.

Bücher gehören natürlich in jede Höhle, die auf sich hält, viele Bücher, sehr viele Bücher, ungeheuer viele Bücher und noch ein paar Bücher mehr. Bücher nämlich, die viel zu erzählen wissen, ob sie es nun trivial oder kunstvoll tun, schäbig oder prunkvoll, bedeutend oder skurril.

Das Leben eines Höhlenmenschen ist reichlich ausgestattet, das lässt Reichtum verzichtbar werden, es ist angefüllt, das lässt dem Zeitgeist keinen Platz für seine Denkmäler, und es ist von gestern. Das macht die Zukunft größer.

Und dann, am Ende? Unter der Erde, in der Urne, was immer, wo immer: Es ist ja doch wieder eine Höhle. Willkommen Zuhause.